U0933369

中国人口出版社
China Population Publishing House
全国百佳出版单位

幽默沟通学

孙永辉 / 编著

图书在版编目（CIP）数据

幽默沟通学 / 孙永辉编著 . -- 北京 : 中国人口出版社，2022. 6

ISBN 978-7-5101-7338-7

Ⅰ . ①幽… Ⅱ . ①孙… Ⅲ . ①幽默（美学）–语言艺术–通俗读物 Ⅳ . ① H019-49

中国版本图书馆 CIP 数据核字（2020）第 202647 号

幽默沟通学

YOUMO GOUTONG XUE

孙永辉　编著

责任编辑　魏志国
责任印制　林　鑫
出版发行　中国人口出版社
印　　刷　三河市燕春印务有限公司
开　　本　710 毫米 ×1000 毫米　1/32
印　　张　4.5
字　　数　95 千字
版　　次　2022 年 6 月第 1 版
印　　次　2022 年 6 月第 1 次印刷
书　　号　978-7-5101-7338-7
定　　价　19.80 元

网　　址　www.rkcbs.com.cn
电子信箱　rkcbs@126.com
总编室电话　（010）83519392
发行部电话　（010）83530809
传　　真　（010）83519401
地　　址　北京市西城区广安门南街 80 号中加大厦
邮政编码　100054

版权所有　侵权必究　质量问题　随时退换

前言 PREFACE

幽默不仅仅是社交的法宝，更是一门生活的艺术。它不是滑稽与搞笑的做作，而是一种纯粹的生活态度。幽默可以让你戴着快乐的眼镜去看整个世界的发展与变化，在平凡中挖掘笑的艺术价值。幽默就像一根闪着金光的魔杖，赋予每一个希望减轻自己人生重担的人一种快乐的生存智慧。在人际交往中，我们总希望自己能够与他人和睦相处，成为大家瞩目的焦点，受到许多人的欢迎。因此，我们总是努力让自己展现出最好的形象。要想有效地表现自我，最重要的捷径就是表现出自己的幽默。幽默能够消除内心的紧张，树立健康乐观的个人形象，润滑人际关系。幽默能够化解尴尬，影响别人的思想和态度，从而打开局面。更重要的是，幽默不仅可以给自己带来好人缘，而且可以给自己带来好心情、好运气。

幽默作为我们日常生活中必不可少的工具，它可以使生活中的矛盾和争端得到缓解，也可以使人变得信心无限。幽默是智慧的迸发，是善良的表达，是人生的助推器，更是一种胸怀、一种境界。正如著名作家王蒙所说：“幽默是一种成人的智慧，一种穿透力。一两句就把那畸形的、讳莫如深的东西端了出来。既包含着无可奈何，更包含着健康的希冀。”

生活中的幽默会让你茅塞顿开，在轻松的气氛中感受到成功的快乐，在回味中拍案叫绝。幽默的人最有人情味，与幽默的人相处，每个人都会感到快乐，谁都希望同幽默的人打交道。幽默是一种宝贵的品质。幽默的人具有宽容、自信、豁达、乐观的心态，它使生活充满乐趣、充满生机。同样，具有这种品质的人能够正视现实，笑对人生。 幽默是一种文化的积淀，需要达到一定层次的文化水准。一个人知识的存储与个人的涵养是成正比的。只有知识渊博的人，才能具有审时度势的能力，才能够谈资丰富、妙言成趣，才能作恰如其分的比喻，才能不以眼前的区区小事计较得失，才能多些雅量、少些鲁莽。

无论何时何地，你展现出来的恰到好处的幽默，都会让人刮目相看。遇到突如其来的冷场时，用幽默化解尴尬；想让对方记住自己时，用幽默让他“刻骨铭心”；欲要说服他人时，用幽默攻克其厚厚的心理防线；不得不拒绝时，用幽默保全双方情面；恋爱时，幽默可以让你们的关系更进一步；生活中，幽默是一味不可或缺的调味剂……

本书不仅向读者阐释了幽默的人生智慧，展示幽默在人际交往中的独特魅力，更重要的是帮助读者真正懂得幽默，从而成为一位出色的沟通大师。

目录

CONTENTS

第 1 章　幽默的人生，精彩的智慧

幽默是一种智慧力量 / 2

幽默是一种内在修养 / 4

幽默是一种生活态度 / 6

真正幽默的情状表现 / 8

幽默是一种庄重严肃的笑 / 10

幽默是与人交往的最佳见面礼 / 11

幽默的本质是以笑的方式娱人 / 13

第 2 章　即兴幽默——急中生智，瞬间打动他人

一见如故——与初识者幽默相交 / 16

临时发挥——化忌为喜的幽默术 / 17

“将错就错”——顺理成章中显智慧 / 19

打破冷场——幽默逗你喜笑颜开 / 20

兵来将挡——机智幽默应对奚落 / 22

以静制动——应对别人的指责嘲笑 / 24

即兴聊天——幽默捧场，愉悦情怀 / 26

第 3 章　处世幽默——柔以避祸，笑以挡灾

用幽默化解他人的攻击 / 30

“顾左右而言他”的幽默 / 31

触及他人痛处时的转机 / 33

遭遇尴尬时故说痴话 / 35

寓理于事，不言自明 / 36

艰涩问题，避实就虚 / 39

讽刺幽默，机智防卫 / 41

第 4 章　社交幽默——进退自如，笑出影响力

初次见面：幽默加深第一印象 / 44

深化记忆：幽默地说出自己的名字 / 45

幽默公关：巧妙说服助你成功 / 48

含蓄说话：幽默胜过千呼万唤 / 50

化解尴尬：幽默融化交际之冰 / 52

淡定一笑：面对嘲笑多点雅量 / 54

第 5 章　沟通幽默——寓庄于谐，更易成功

善用微笑为幽默的气场加分 / 58

幽默道歉，谅解不请自来 / 60

活学活用的灵性让谐趣顿生 / 62

顺势而语，幽默口舌巧做事 / 63
直意曲说，圆融幽默易成事 / 66
让脑子转个弯儿来补救失言 / 68

第 6 章　说服幽默——把幽默的话说到心坎上
“欲擒故纵”，幽默地说服他人 / 72
创造独特，让幽默推动销售 / 74
旁敲侧击，说服可以不走直线 / 76
幽默引导，让对方说“是” / 77
以谬制谬，顺言逆意的说辩 / 79
巧抓心理，趣味销售要独特 / 81
恰当幽默，成功推销的宝典 / 84

第 7 章　赞美幽默——情感投资有笑道
理解赞美，做到真正幽默 / 88
幽默赞美，使人愉快接近 / 90
面对女人，男人这样赞美 / 92
诱导赞美，解怨气的良药 / 95
适度称赞，沟通的催化剂 / 96
出乎意料，让人喜出望外 / 98

第 8 章　拒绝的幽默——诙谐中保全你我情面

巧言妙语，智慧的拒绝 / 102

诙谐言语，婉言拒绝 / 104

逻辑拒绝，巧踢回球 / 107

通过暗示，善于说“不” / 109

婉转拒绝，优化社交 / 111

巧妙拒绝，让他知难而退 / 113

遭到拒绝，保持好风度 / 115

第 9 章　辩论的幽默——唇枪舌剑中的缓冲器

巧用俗语，谐趣论辩 / 118

引申归谬，强辩韬略 / 119

出其不意，弦外有音 / 121

找出矛盾，幽默智辩 / 124

法庭论辩，偷换概念 / 127

妙用谐音，机智论辩 / 130

仿效幽默，让他哑口 / 131

适时赞美，让沟通更容易 / 133

第1章

幽默的人生，精彩的智慧

幽默是一种智慧力量

什么是幽默呢？“幽默”这个词起源于古罗马人的拉丁文，形成于古法文，起初是个医学术语，指人的体液。它作为美学范畴的一种特定含义是在16世纪以后出现的。汉语中最早出现“幽默”一词，据考在《楚辞·九章·怀沙》中，是寂静无声的意思，与现在所说的“幽默”不同。我们现在说的“幽默”一词是英语“humour”的音译，有“会心的微笑”“谑而不虐”“非低级趣味的、只可意会的诙谐”等意义。而这种解释只是书面上的。

王蒙说：“幽默是一种成人的智慧，一种穿透力，一两句就把那畸形的、讳莫如深的东西端了出来。既包含着无可奈何，更包含着健康的希冀。”

可见幽默是一种人生的智慧。它体现的是一种才华，展现的是一种力量，是文明的产物。

幽默之所以被称为一种智慧，是因为幽默带来的笑声完全不同于小丑在众人面前的耍宝，它需要在智慧积淀的思维基础上，以优雅的风度来呈现出自己的睿智。幽默的语言特色往往是一语破的而又不失趣味。

幽默有两个基本特点：

（1）必须有趣味性。即是说幽默必须具有美感特征，如果只是一味地用来讽刺他人而使自己畅快，却忽略了他人的感受，那样的幽默会造成他人的厌恶与反感。

（2）必须意味深长。幽默就像是一杯醇酒，越品越会拥有醉人的味道。幽默的智慧性来自于自身深刻的生活体验、敏锐的洞察力、丰富的想象力、良好的素养与语言表达能力以及优雅的风度与乐观的情绪。

丘吉尔是第二次世界大战时反法西斯阵营的“三巨头”之一，曾连续两次担任英国首相，人们将他列为20世纪最重要的政治领袖之一。除此之外，他还是演说家、作家、记者、历史学家和画家，并于1953年获得诺贝尔文学奖。他也是一位机敏睿智的幽默大师，思维敏捷，语言机智，常常用幽默的语言化被动为主动，捍卫自己和国家的尊严。

有一次，萧伯纳为庆贺自己的新剧本演出，特发电报邀请丘吉尔看戏：“今特为阁下预留戏票数张，敬请光临指教，并欢迎您带友人来——如果您还有朋友的话。”丘吉尔看到后立即复电：“本人因故不能参加首场公演，拟参加第二场公演——如果您的剧本能公演两场的话。”

丘吉尔善用幽默的智慧由此可见一斑。一个具有幽默感的人，一定具有强大的人格魅力，因为他总能强烈地感受到自己力量的存在，所以能够从容地应对各种尴尬困苦的窘境。

在阿拉曼战役前夕，丘吉尔召见了他的得力将领蒙哥马利元帅。在谈话中，丘吉尔提议他应该研究一下逻辑。疆场勇士蒙哥马利担心自己会陷入纠缠不清的逻辑命题中，便找了个借口推托。他对丘吉尔说：“首相先生，你知道，有这样一句谚语：‘了解和亲昵会产生轻蔑。’也许我越是研究逻辑，便会越加轻视它。”

丘吉尔取下烟斗说：“不过我要提醒你，没有一定程度的了解和亲昵，什么也不会产生出来的。”

就是通过这样直白坦率而又幽默的方式，丘吉尔最终总是能够说服自己的属下并赢得他们的信任与尊重。丘吉尔的幽默是一种智慧，更是一种胸襟和力量。他曾经两次当选英国首相，被认为是20世纪最重要的政治领袖之一。

幽默并不仅仅是一种单纯的说笑，它还是一种智慧的迸发，是善意的表达，是交往的润滑剂，更是一种胸怀和境界。幽默不仅能增进你和他人之间的友谊，更能使一些误解得到消除。幽默的力量就像太阳的光芒一样，可以使这个世界变得温暖明媚。

幽默是一种内在修养

幽默口才的完善是很长一段时间思想、语言行为、仪态、情绪等各个方面综合磨炼的过程，亦是内在修养提升的过程。在幽默口才的积累中，这一过程应被视为心理的准备与承受过程。

有些人喜欢抬杠，搭上话就针锋相对，无论别人说什么，他们总要反驳。这是不好的习惯，犯这种毛病的人很多，而且每每自己都不知道。为什么会这样呢？因为他们不喜欢听取别人的意见，在其心中只有自己，而且自以为比别人高明。即使真的见识比别人高明，这种态度也是要不得的。唯一改善的方法是养成尊重别人的习惯。幽默口才是一种表达情意、与人交际的才能，但它不只是靠语言完成的，还要靠风度。纪伯伦曾经说过：大智慧才算得上是一种大涵养，只有有涵养的人才善于学习，而我们可以从健谈的人身上学习到静默。

在幽默口才的内在修养上，修养本身是修内在的承受力与胸怀，重要的是别把自己的功夫花在装腔作势上。我们无法更清晰地剖开所有人的“外衣”，只是我们潜意识里感到，一个人在拥有好口才的同时，一定要认清自己，使心理与行为一致。通过自我研究，便能够客观地了解自己，就会发现自己的长处和短处了。如果能够养成这样一种习惯，对自己的工作、学习和生活会非常有帮助。并且只要不断地努力下去，你的潜能终会显露出来，你的长处也就能获得充分施展了。

富兰克林是个口才很好的政治家，但他仍十分重视语言修为。他早年曾经做了一张表，表上列举出各种他需改善自己的地方。后来，他又找出了一种应该实行的美德，跟谈话艺术有极大的关联。他说：“我在自我完善的计划里，最初想做到的有十二种美德，但有一个做教徒的朋友，有一天前来向我说大家都认为我太自傲，原因是我的骄傲常在谈话中显露。当辩论一个问题时，我不但固执地表现我自以为正确的主张，而且有些轻蔑别人的样子。我听了他这话，立刻就想矫正这种缺点，因而在我表上的最后一行加了‘虚心’这一条。这样不多久，我果然发觉改变后的态度使我获益不少。因为事实告诉我，我无论在哪里，若陈述意见时用谦虚的方式，会令别人容易接受而绝少反对，即使说错了话，自己也不至受窘了。”

靠着这种谦虚的口才修养，富兰克林成为美国出色的且受人尊敬的政治家。

一个注重言语修为的人，一个有益于他人的人，自然易于为他人所接受，他的话也就可能被别人奉为圭臬。“文如其人”是从写作角度说的。我们也完全有理由说“言如其人”。通过言语表现出来的心理上的专注力、耐受力、进取心等品质，将使你更具个人魅力，使你的幽默更富内涵。

幽默是一种生活态度

幽默是一种笑对人生的生活态度。罗丹说：“生活中不是缺少美，而是缺少发现美的眼睛。”懂幽默的人就长了一双发现美的眼睛，一张享受美的嘴巴。世界在他们的眼睛中是彩色的，是充满希望与美好的。他们的幽默，于己，让日子多些乐趣；于人，彼此多些轻松。

启功是中国知名书法家。他的前半生可以说是充满坎坷和艰辛的，1岁丧父，10岁祖父过世，家道中落，再无钱读书。在祖父的门生的鼎力相助之下，他才勉强读到中学。启功中学尚未毕业就不愿再拖累别人，决心自谋生路。经祖父的旧识傅增湘介绍，他结识了辅仁大学校长陈垣，经陈垣介绍他从事了一份工作，却因没有文凭而被炒。但启功却没有绝望，一边儿靠卖字画为生，一边儿自学，终于在辅仁大学谋到一个教职。

经过无数人生历练的启功，不但在艺术上取得了非凡的成就，而且也在心灵上步入了大彻大悟之境，生命中充满着一种“身心无挂碍，随处任方圆”的大气和洒脱。

启功成名之后，便经常有人模仿他的笔墨在市面上出售。有一次，他和几个朋友走在大街上，路过一个专营名人字画的铺子，有人对启功说：“不妨到里面看看有没有您的作品。”启功好奇，大家就一起进了铺子，果然发现好几幅“启功”的字，字模仿得很到家，连他的朋友都难以辨认。友人问道：“启老，这是您写的吗？”启功微微一笑赞道：“比我写得好，比我写得好！”众人一听，全都大笑起来。说话之间，又有一人来铺里问：“我有启功的真迹，有要的吗？”启功说：“拿来我看看。”那人把字幅递给他。这时，随启功一起来的人问卖字幅的人：“你认识启功吗？”那人很自信地说：“认识，是我的老师。”问者转问启功：“启老，您有这个学生吗？”作伪者一听，知道撞到枪口上了，哀求道：“实在是因为生活困难才出此下策，还望老先生高抬贵手。”启功宽厚地笑道：“既然是为生计所迫，仿就仿吧，可不能模仿我的笔迹写反动标语啊！”那人低着头说：“不敢！不敢！”启功听他说完便走出店门。同来的人说：“启老，您怎么就这样走了？”启功幽默地说：“不这样走，还准备送人家上公安局啊？人家用我的名字，是看得起我。再者，他一定是生活困难缺钱，他要是找我借，我不是也得借给他吗？当年的文徵明、唐寅等人，听说有人仿造他们的书画，不但不加辩驳，甚至还在赝品上题字，使穷朋友多卖几个钱。人家古人都那么大度，我何必那么小家子气呢！”启功的襟怀比之古人，可以说是有过之而无不及。

启功并没有因为曾经历生活中的坎坷与曲折就否定了人生阳光的一面，他依旧用一颗宽容并幽默的乐观之心对待这个世界。幽默的生活态度就体现在一种心境、一种状态、一种与万物和谐的“道”之上。

真正幽默的情状表现

幽默的情状表现与幽默的特点既有共通之处，即都具有机智的趣味性；又有差异，即情状重在情景的展示，让大家可以更轻松而又深刻地汲取到幽默的风味与内涵。

以下几点是幽默的情状表现：

（1）机敏诙谐，有趣味性。

有这样一段对话：

“昨天你骑马骑得怎么样？”

“不太坏，不过我那马太客气了。”

“太客气了？”

“是呀！当我骑到一道篱笆的时候，它让我先过去了。”

人们一听便知这位先生从马上摔下来了。而他却自我解嘲说是“马太客气了”，由此产生了逗人发笑的效果。

（2）含蓄，具有极强的穿透力。

幽默讲求寓深远于平淡，藏锋芒于温和。但特殊情况下它也有尖锐的刺痛，有时也有一针见血的穿透力。幽默的这种穿透力，一两句话就能把畸形的、讳莫如深的东西端出来，对一切卑微可笑的东西可谓是当头一棒。但幽默的尖锐刺痛并不是破口大骂，它具有含蓄深刻、一语破的的特点。

某厂，两位工人正在评价他们的厂长。

“厂长看戏为什么总是坐在前排？”

“那叫带领群众。”

“可是看电影为什么又坐中间了？”

“那叫作深入群众。”

“来了客人以后，餐桌上为什么总有厂长呀？”

“那叫作代表群众。”

“但是他成天坐在办公室里，车间里看不到他的身影，又怎么说？”

“这都不知道，这叫相信群众嘛！”

谁都知道这两位工人正在心照不宣地指白道黑，讥讽厂长的领导作风。话尽管不符实，却赢得了成功的讽刺效果。

（3）温和亲切，富有平等意识和人情味。

听了别人说的笑语能发笑，这是正常人起码的幽默感。自己能来点幽默，让别人笑，则具有相当的幽默感。而自嘲是最高品位的幽默。

美国前总统林肯的长相实在让人没法恭维，他自己也不避讳这一点。一次，道格拉斯与他辩论，指责他是两面派。林肯回答说："现在，请听众来评评看，我如果还有另一副面孔的话，我会戴着现在的这副面孔吗？"

幽默是人性善良的体现。幽默者不论是指出那些可怜或可鄙的小古怪，还是指出他人的愚笨可笑，或是在取笑别人的同时也在取笑自己，其情绪都是自尊和自嘲的混合，因而在化解困境、嘲讽丑态中，能体现出真正的人情味。

幽默是一种庄重严肃的笑

"幽默"这个外来词在我们生活中存在了很长时间，随着时间的流逝，幽默的定义逐渐被曲解了。拿无知当个性，拿无聊当有趣，都不是真正的幽默，而是幽默的大误区。幽默其实是一种庄重严肃的笑。

在幽默语言中，有时会有些露骨的笑话，这些笑话发生在公开场合，有伤大雅，引人反感，即使本来可能接受它的人，也往往顾忌朋友师长的态度而不知如何反应是好。中国是深受儒家文化熏陶的国家，讲究的是"非礼勿听，非礼勿视"。所以，我们要注意绝对不要在公众场合，尤其是有异性、长辈、上级等在场的情况下谈及这种笑话。不顾国情、毫无节制地讲露骨的笑话，其实也是对别人的一种侵害，更是对自己人格的贬低。

另外，勿以讽刺他人为幽默。

众所周知，幽默是以社会生活为基础产生的，它不是虚飘在空中的幻景，它的存在本身体现了人们多方面的社会需要，包括惩恶扬善、沟通心灵、调解纷争等，这使幽默必然地要和讽刺、嘲笑、揭露联系在一起。但是，幽默所包含的应当是善意的讽刺、温和的嘲笑，其中灌注着深厚的情感因素，正像萨克雷在《布朗先生致侄儿书》中所说的："幽默是机智加爱。"爱减弱了幽默批评的锋芒，通过诱导式的意会发生潜移默化的作用。苛刻的幽默很容易使人受到伤害、陷于焦虑之中。通常，讥讽、攻击、责怪他人的幽默也能引人发笑，但是它却常常造成意想不到的后果，使本应欢乐的场面变得十分难堪。

正因为这样，讥讽他人受到许多幽默理论家的一致反对。林语堂认为幽默与讽刺极近，却不能以讽刺为目的。讽刺趋于酸辣，去其酸辣，而达到冲淡心境的目的，便成幽默。玛科斯·雅克博似乎更直接："不要讽刺！讽刺会使你和受害者都变得冷酷无情。"

幽默是与人交往的最佳见面礼

幽默不仅是一种智慧，更是一种观察人生、体验人生的生活方式。擅长交际的人一般比较注重礼节，会给初次见面的人送上一件可心的见面礼，以增显自己的风度，提升他人对自己的好感。殊不知，最佳的人际交往见面礼是幽默的涵养，这是金钱、物质所无法与之比拟的。初次见面就能够将自己的睿智、风趣轻松地展示给他人，给他人带来一种美好舒畅的心情，才能让他人长久记住你的人格魅力。

美国的前总统威尔逊是一位非常幽默、风趣，喜欢自我调侃的人。在他初任新泽西州的州长时，参加了一个某社团举办的一个午宴。宴会的主席对大家介绍说："威尔逊将成为未来的美国大总统！"当然，这不过是宴会主席的溢美之词而已。

这时，威尔逊在称颂之下登上了讲台，简短的开场白之后，他对众人说："我希望自己不要像从前别人给我讲的故事中的人物一样。"

"一个叫约翰逊的人和朋友一起去垂钓，其间喝了很多烈性酒，随后就和同伴搭火车回去了，可是他却搭错了南下的火车。同伴们就给南下的火车发去电报：'请将一位名叫约翰逊的矮个子送往北上的火车，他已经喝醉了。'列车长回电说：'请将其特征描述得再详细些。本列车上有13名醉酒的乘客，他们既不知道自己的姓名，也不知道自己的目的地。'"

"而我威尔逊，虽然知道自己的姓名，却不能像你们的主席先生一样，确知我将来的目的地在哪里。"

在座的客人一听哄然大笑，都被威尔逊的幽默所感染，气氛也逐渐活跃起来。

人际交往中，幽默风趣的人能表现出自己良好的风度。幽默是人的思想、常识、智慧和灵感的结晶，幽默风趣的语言风格是人的内在气质在语言运用中的外化，在交际中有很重要的作用。

幽默的语言是思想的外壳，是必不可少的交际工具。它具有愉悦美感的作用，能缓解人的紧张情绪，使人摆脱不良氛围。

我们要在这个社会中立足、发展，就应该多加注重幽默的力量，将自己的语言不断地幽默化、将自己的行为不断地文明化。

幽默的本质是以笑的方式娱人

1901年，英国一位哲学家曾经这样谈到幽默：“语言中几乎没有一个词汇比这个人人熟悉的词更难下定义。”确实如此，幽默的定义一直莫衷一是。

1979年1月号的《今日心理学》杂志上有一篇文章题为《笑话各有所好》，公布了以读者为对象来调查幽默所得到的结果。

这篇文章指出，幽默是微妙的、难以捉摸的现象，我们根本无法明确列出幽默的种类。而幽默最根本的本质是以笑的方式娱人。

1935年3月27日，高尔基在苏联作家协会理事会第二次全体会议上作了一次简短的讲话。在记录稿上，多次出现“鼓掌”“笑声”的字样。例如，他在批评某些诗作缺少生活经验时说：

“同志们，诗人多得很。但是具有巨大诗才的在我看来却太少。他们写的诗长达几千米。（笑声）

“我不想谈伟大的诗歌和大诗人。我在这方面是外行。我失掉了这方面的鉴赏力，我念诗也很费力。（笑声）不久以前，我在一个作者的作品里找到了这样的句子：‘他举起手，想摸摸她的肩膀，正在这时候，无畏的死神追上了他。’（笑声）这说得多别扭。”

这些记录里高尔基幽默的语言让即使不在现场、时隔多年的我们看到后也不禁受到感染，可见幽默的力量之大。

乔治·库特林是20世纪法国知名的剧作家和幽默作家。有一次，一位自命不凡的年轻作者想一鸣惊人，便写信给库特林，借三个不合常理的理由向他提出决斗，但这一封信实在上不了台面：字迹潦草，甚至有许多字拼写错误。库特林很快给他写了回信：“亲爱的先生，因为我是伤害你的一方，该由我来选择决斗武器。我要用‘正字法’来决斗。在接到这封信之前你就已经失败了。”

乔治·库特林以幽默的语言，用“正字法”作为武器对年轻人给予了回击，既向年轻人指出了写字太潦草的不端正态度，又展示了自己豁达的一面。整个批驳机智含蓄，风趣诙谐，令年轻人愉快地认输。

这个小故事形象地说明了幽默的本质。由此，我们不难看出：幽默是一种特性，一种引发喜悦、以愉快的方式娱人的特性；幽默感是一种能力，一种了解并表达幽默的能力；幽默是一种艺术，一种运用幽默和幽默感来增进你与他人的关系，并对自己作出真诚评价的一种艺术。

第2章

即兴幽默——急中生智，瞬间打动他人

一见如故——与初识者幽默相交

在我们的一生中，经常会遇到这种情况：必须和一群不认识的人打交道。要打破与他们之间的界限，消除无形的隔膜，顺利地把自己的意见和思想传递给他们，使他们能欣然接受，并赞成拥护，甚至把他们变成自己的朋友，绝对需要不凡的智慧。

一见如故，相见恨晚，历来被视为人生一大快事。当今世界公关交往极其频繁，参观访问、调查考察、观光旅游、应酬赴宴、交涉洽商……善于跟素昧平生者打交道，掌握"一见如故"的诀窍，不仅是一件快乐的事，而且对工作和学习大有裨益。那么，如何才能做到"一见如故"呢？答案是了解幽默，学会幽默，运用幽默来实现与陌生人的相识、相处。

美国作为一个多族裔的移民国家，相互之间的交流极为重要。同时，美国的议会代议和全民选举体制，更要求人们能和不认识的人"一见如故"，推销自己的观点和想法。

事实上，只要是与人交往就意味着要与不同的人进行沟通，然而有效的沟通往往是建立在真诚基础上的"一见如故"式的幽默。

有一天，汽车大王亨利·福特在偏远的农村驾车兜风。在一处农舍边，这位闻名世界的大人物，看到一个小孩正在锯木材，小孩年龄大约10岁，技术却十分熟练，更难得的是他看到陌生人一点儿也不怕，与一般的乡下小孩有很大的不同。

亨利·福特童心大起，于是走上前去帮他拉锯。可是很明显的，福特的技术与小孩相去甚远。小孩也不以为忤，甚至还耐心地指导福特。

过了好一会儿，福特终于忍不住说道："阁下可知道，你正在跟亨利·福特锯木材？"只见那孩子好像没事人似的回答："我不知道，可是我要告诉你，你在跟罗勃·李锯木材。"

亨利·福特听到孩子真诚的童趣式回答，欣喜之余，将一辆崭新的福特车送给了那个孩子。

或许这个小孩子并不是有意说出那样幽默的话语，只是持有一颗天真的童心，说了事实如此的话。可正是因为他那不怯生的趣味之言，赢得了亨利·福特的欣赏与青睐。由此可见，"一见如故"的幽默说服术能够拉近与陌生人的感情距离，将自己很快地融入群体之中，赢得人们的接受与欣赏。

临时发挥——化忌为喜的幽默术

在现实生活中，由于受传统文化的影响，人们的大脑中存在着许多忌讳观念。有时不自觉地说出或做出了一些有违"大忌"的话或事时，如何应对呢？这就要用到一种"临时发挥，化忌为喜"的幽默术。

这种幽默术就是在不自觉地做了或说了一些有违“大忌”的事或话时，或者由于客观的原因而带来一些不愉快、不吉利的事情时，及时地用一些双关语、名诗佳句、谐音字词等化忌为喜，消除尴尬，抹掉人们心头的阴影，使快乐重新回到心头。从这个意义上说，临时发挥的化忌为喜幽默术是一种利人利己的说话艺术，这种化忌为喜的幽默术在生活以及工作等场合中均很适用，值得大家了解和学习，更值得大家学以致用。

大刘应邀参加一位朋友的婚礼，可天公不作美，小雨从早到晚一刻也未停过。等大刘赶到朋友家时，衣服上溅满了星星点点的泥水。当新人双双向他敬酒时，朋友看到他满身泥水，略带歉意地说：“冒雨前来，你辛苦了。都怪我没选好日子。”大刘忙接过话茬幽默地说：“老兄此言差矣，自古道：‘久旱逢甘雨，他乡遇故知，洞房花烛夜，金榜题名时。’这人生的四大喜事，让你们小两口一天就赶上了两个，这才叫双喜临门呢。”一句话赢得满堂喝彩，大大活跃了当时的气氛。

大刘意犹未尽，接着说道：“既然说到了雨，敝人有首打油诗，借此机会赠给两位新人。”接着便吟道，“好雨知时节，当婚乃发生。随风潜入夜，听君亲吻声。”一首歪诗吟罢，逗得新娘面颊绯红，引来满座欢笑。

大刘机智的临场发挥，使本来不受婚礼欢迎的雨，瞬息之间带上了逗乐喜庆的色彩。临场发挥的幽默，让人们在躲不开的“禁忌”中忘却了旧观念的忧愁。

“将错就错”——顺理成章中显智慧

有一次，张作霖出席名流雅席。席间，有几个日本人突然声称，久闻张大帅文武双全，请即席赏幅字画。张明知这是故意刁难，但在大庭广众之下，盛情难却，就满口应允，吩咐笔墨侍候。只见他潇洒地踱到桌前，在铺好的宣纸上大笔一挥写了个“虚”字，然后得意地落款：“张作霖手黑。”按上朱印，踌躇满志地掷笔而起。那几个日本人，丈二和尚摸不着头脑，面面相觑。机敏的随从秘书一眼发现了纰漏，“手墨”。亲手书写的文字怎么成了“手黑”？他连忙贴近张作霖耳边低语：“您写的‘墨’下面少了个‘土’，‘手墨’变成了‘手黑’。”张作霖一瞧，不由得一愣，怎么把“墨”写成“黑”啦？如果当众更正，岂不大煞风景？他眉头一动，计上心来，故意训斥秘书道：“我还不晓得这‘墨’字下边有个‘土’？因为这是日本人要的东西，这叫寸土不让！”

话音刚落，满座喝彩，那几个日本人这才悟出味儿来，越想越没趣，只好悻悻退场了。

张作霖这种“化腐朽为神奇”的幽默正是“将错就错”的巧妙运用。原本将要大出洋相的一个大笔误，竟然成了民族气节和斗争艺术的反映。

一旦发现了自己的失误，千万别为后悔徒然耗费时间，而要迅速权衡一下利害得失，只有在当场承认错误的负面效应实为自己难以承受，而拒绝认错又不至于把事情弄得更糟时，才可考虑选用“将错就错”这一计策。否则，还是承认、改正为好，因为坦诚往往会换来谅解，甚至敬意。例中的张作霖关于“如果当众更正，岂不大煞风景”的暗忖，就是快速权衡之后所做的判断。情况是明摆着的：日本人是故意刁难，等着看笑话，如果承认错误，便正中了日本人的下怀，这等丢自己脸面、灭国人威风、长他人志气的后果当然无法接受。于是，“将错就错”就成了顺理成章的选择。

很多时候，“将错就错”契合情境，总能出奇制胜。“将错就错”化解尴尬讲究随机应变。“将错就错”也是一招险棋，“就错”之前要给自己找到相应的理由，使别人也认同你的“错误”并非错误才行。否则，就是死不认错，会给人一种粗野无知、冥顽不化的印象。张作霖对秘书的一番故意训斥就正起着这种作用。

打破冷场——幽默逗你喜笑颜开

如果你出现了下面的状况：在冷场时，不知道怎么活跃气氛；在一些突发事件中，不知道说什么合适的话来救场；和友人聊着聊着就突然没有话题了；曾发表某些意见或建议，却无法取得共鸣或者人们的关注；结识新朋友不知道该说些什么……在许多场合中，由于个人的性格腼腆，或者彼此之间不够了解，而无法拥有共同的话题，使交往中出现了“冷场”的情形。

这个时候，幽默就是最佳挡箭牌了。幽默会让冷场的冰块渐渐融化，让和煦的快乐走近人们的心中。

众所周知，交流中最尴尬的局面莫过于双方无话可说。无话可说有时候是因为一方对另一方说的根本不感兴趣，有时候是因为我们说的意思和对方的理解有偏差，有时候是因为我们缺乏在某些特殊情景下的沟通技巧，有时也会因为你说的话触及了别人的“雷区”，而造成别人的不愉快，导致无法继续交谈下去。无论是哪一种情况，都有可能会让你焦虑。良好的幽默沟通需要双方在适当的时候分别扮演起发送信息者和接收信息者的角色，就像跳探戈时需要两个人完美的配合。

“一个巴掌拍不响”，交流中一旦出现冷场的局面，也需要两个人共同配合才能打破僵局。交流是两个人的事情，所以你不能指望对方为交流负起全部责任。因此，当出现冷场或者尴尬的时候，要沉着更要幽默，寻找双方感兴趣的共同话题，不能一味地等着对方来解决这种尴尬的场面。面对冷场，解决尴尬，幽默口才屡试不爽。

雁翎曾有过一次痛苦的爱情经历：她对那位男朋友爱得如醉如痴，可是，对方却脚踏几只船，最终抛弃她跟别的女孩子浪漫去了。

一次，雁翎与第二位男朋友肖遥约会时，肖遥问她：

“你对爱情中的普遍撒网、重点逮鱼，怎么看？”没想到他话一出口，雁翎不但没搭理他，脸色霎时变得很难看。肖遥知道他误入恋人的“雷区”，赶紧补充道：“啊，请别介意，我是说，我有一个讽刺对爱情不忠的故事献给你。故事说有一个对太太不忠的男人，经常趁太太不在家把情妇带回家过夜，但又时常担心太太会发觉。有一天晚上，他突然从梦中惊醒，慌忙推着身边的太太说：‘快起来走吧，我太太回来了！’等他的太太也从梦中醒来，他一下子傻了眼。”

还没等肖遥话音落下，雁翎已被他的幽默故事逗得喜笑颜开。

在这里肖遥运用故事的形式首先转移了他们谈话的方向，然后用幽默的感染力，淡化了他因说话不慎而给雁翎带来的不快情绪，从而自然而巧妙地把可能出现的“冷场”给过渡回来，赢得了心上人的开心一笑。

幽默是冷场的克星，是热情的释放，懂得在尴尬中用幽默救场的人，是机智的幽默人。拥有幽默天分与才分的人永远不会让他人与自己分享冷场的无奈与尴尬，幽默让冷场被巧妙打破，让彼此在喜笑颜开中突破尴尬，加深感情。

兵来将挡——机智幽默应对奚落

当别人挖苦你、讥讽你的时候，你可以用幽默语言作为“护身符”，筑起防卫的堤坝。“兵来将挡，水来土掩”，你可视不同的来者选择不同的幽默。

若判明来者不善，是怀有恶意，故意挑衅，你可以“以眼还眼，以牙还牙”，有理、有力和幽默地回敬对手。

20世纪30年代，一次，丘吉尔访问美国，有一位反对他的美国女议员咬牙切齿地对他说：“如果我是您的妻子，我会在您的咖啡里下毒药的。”丘吉尔微微一笑，平静地答道：“如果我是您的丈夫，我会喝下那杯咖啡的。”

面对美国女议员刁难、愤恨的无礼言辞，丘吉尔并没有怒不可遏，而是笑着回答女议员的问题，他的胸襟雅量令人们敬服。

因此，如果对方来势汹汹、盛气凌人，前来指责辱骂你，而你确信真理在手时，则应保持藐视的目光、幽默的心量、冷峻的笑容，让对方尽情地发泄，而不予理会。假如有人冲着你横眉竖眼，恶语中伤地骂道：“你这个人两面三刀，专门告我的阴状，想踩着别人的肩膀往上爬，没门儿！”如果你心中无愧，完全不必大发雷霆，倒不妨解嘲地反诘：“哦，是真的吗？我倒要洗耳恭听。”然后诱使谩骂者说下去，直到对方找不到言辞了，你再以温文尔雅、彬彬有礼的方式笑迎攻击者，显然比暴跳如雷、大动肝火要好。

比如你刚被提拔到某领导岗位，有人对此揶揄道：“这下子你可平步青云、扶摇直上了吧？”你听了不必拘谨，可一笑了之：“是这样吗？你算得这样准？”用这种不卑不亢的应酬方法，立即便能使对方语塞。相反，你过于计较，说出一大堆道理，倒显得太认真，反而适得其反。

如果有人用过于唐突的言辞使你受到伤害或叫你难堪，你应该含蓄以对，或装聋作哑、拐弯抹角、闪烁其词，或转移“视线”、答非所问，谈一些完全与其问话“风马牛不相及”的事，用这种委婉曲折的幽默方法反驳对手，一定会取得奇特的功效。

当遇到棘手犯难的问题时，若能以幽默诙谐的方式回答，往往能化险为夷，改变窘态。正所谓“山重水复疑无路，柳暗花明又一村”，让难堪的局面消失在谈笑之中。

以静制动——应对别人的指责嘲笑

当别人当着众人的面，指出你的错误时，会令你感到不快，甚至会让你窘迫难堪，尴尬至极。这个时候你该怎么办？你会因为觉得十分没有面子，而对对方心存怨恨，甚至破口大骂吗？聪明的人在应对别人的当众指责的时候会这样做：

斯坦顿夫人是美国女权运动家。

当一次女权运动的会议在罗切斯特召开时，一位已婚牧师指责斯坦顿夫人在公开场合发表演讲。

他不满地说：“使徒保罗提议妇女保持沉默，您为什么要反对他呢？”

“保罗不也提议牧师应保持独身吗？您难道听话了吗，我的牧师大人？”斯坦顿夫人挖苦道。

斯坦顿夫人面对牧师的指责，没有大骂，也没有强烈地表现出自己的尴尬与不满，她选择了淡定而又从容的回答，以其人之道还治其人之身，用对方的言辞逻辑回击了对方的指责。这是一种淡定的幽默。应对别人当众指责的最有效的方法即是以静制动。

受人指责总归是件不快之事，而受人当众指责，那更会令人不快，甚至会让人窘迫难堪，尴尬至极。这是一个协作生存的社会，无论是工作还是生活，也无论何时何地，人都难免犯错，或触及他人的利益，从而引起不满，导致他人对你的指责。当然，也存在这样一种情况，错并不在你，而是一些无聊之徒，他们或抱着嫉妒，或抱着一种偏见，当众对你进行攻击，目的就是要让你颜面扫地。

当他人当众对你大加指责，甚至是来一顿劈头盖脸的斥骂，无论这种指责是善意的还是恶意的，你都要忍住，采取幽默灵活的应对措施，让这个令你无地自容的尴尬氛围及时得以化解。

在一次战争中，一位将军由一名作战部的指挥官陪同，到前线去看望士兵。到了目的地那天，刚好下起雨来，到处泥泞不堪。将军站在一个活动讲台上向士兵演讲，演讲结束后从台上走下来时，一不留意便滑倒在泥浆里，士兵们哄然大笑。

指挥官一边指责士兵们，一边惊慌地把将军扶了起来，谦恭地向他道歉。没想到将军却笑着说：“没关系，相信这一跤比我的演讲更能激发士气，因为我摔得很有水平嘛！”

在尴尬面前，这位将军并没有对士兵们的嘲笑感到恼怒，反而消遣自我，用幽默的语言向士兵展示了他的胸怀，幽默应对他人的嘲笑是生活赋予大胸怀者的智慧。

当有人怒气冲冲地当众对你大加指责时，你可像斯坦顿夫人一样采取淡定幽默的反击态度，以静制动，幽默应对对方的无礼攻击。施以如此态度，实则也就是给他最严厉的迎头痛击。见到你如此反应，他也就会自感索然无味，悻悻而退。当有人因为你在公众场合出丑而嘲笑你的时候，不要太计较，更不要太过流露出自己的愤怒，多一点儿雅量并用幽默应对嘲笑，你就会多一分淡定优雅，成功者每战必胜的原因，就是当对手急不可耐时，他们依然保持着超常的冷静与沉着。

其中，应对他人当众指责的幽默口才修炼方法主要可通过“移花接木”来实现。对别人的当众指责或者嘲笑，可幽默化解，来个“张冠李戴”，将原本只适合于甲种场合的话，移植到乙种场合来说。

拥有大智大德的人一般会懂得，面对他人的无礼与失态，如果自己也沉不住气而进行无礼的反击，则会让自己在卑微中失去他人的敬重之心。因此面对外界不好的声音，不妨让自己多一分雅量，用幽默对待攻击远比强硬地反击有力量得多。

即兴聊天——幽默捧场，愉悦情怀

聊天可以调节心理、愉悦情怀，让一个人远离烦闷的侵扰。幽默的聊天作为即兴聊天的一种特殊形式，往往在给人们带来无限趣味的同时让聊天充满着轻松，起到释压作用。

即兴的幽默聊天作为一种交际，并不是所有人都能够对它的重要性具有深刻的认识。对于如何利用幽默聊天聊出名堂来，善于幽默言谈的人有他们自己独到的方式方法。

幽默聊天从本质上说是没有什么目的的，可以海阔天空地闲谈，图的就是聊天的那种快乐与惬意。但从微观来说，闲聊未必就“闲”，拥有幽默口才的人能从闲聊中聊出感情来，达到一定的目的。在这个过程中，他们可以利用闲聊的方式和话题，进行幽默语言的交流。

会说话的人总是有目的地选择话题。他们不会因为是与他人闲聊，而忽视了谈话的禁忌性。在聊天中，搬弄是非、贬抑他人的话题更是需要回避，对方的忌讳和缺点也从不提及。否则即兴的幽默聊天就失去了聊天的意义，也会让自己陷入无知的尴尬境地。

在一个茶话会中，一位八十多岁高龄的老人很是吸引大家的注意。一位记者走上前去：“老先生，真希望明年还可以在这里见到你啊。”老年人并没有因此而感觉到恼怒，反而拍拍记者的肩膀幽默地说道：“小伙子，你还这么年轻，想见到我肯定没有问题的啊，哈哈。”

这位记者就是一位不怎么会寻找话题的人，真正会聊天的人会选择合适的话题，但绝不会触碰关于个人隐私方面的话题，更不会不明智地问到一些画蛇添足的问题。因为他们知道隐私方面的话题容易引起争论，会将和谐的气氛弄僵。

另外，在与他人的即兴聊天中，应该保持谦逊的心情，不要自吹自擂，更不要一味地只顾自己说话，而不给他人说话的机会。幽默的即兴聊天是一种涵养的体现，需要我们学会在轻松中找到交谈的趣味、尊重以及感情。

幽默的闲谈是对自身资源的一次挖掘，很考验一个人的知识水平和文化层次，平时除了你所关心、感兴趣的话题，还要多储备一些和别人“闲谈”的资料。这些资料应轻松、有趣，容易引起别人的注意。除了天气之外，还有些常用的闲谈资料。

比如，自己闹过的有些无伤大雅的笑话，像买东西上当、语言上的误会等，这一类的笑话，多数人都爱听。如果把别人闹的笑话拿来讲，固然也可以得到同样的效果，但对于那个闹笑话的人，就未免有点不敬，当然，只要你不指名道姓就可以。讲自己闹过的笑话，开开自己的玩笑，除了能够博人一笑之外，还会使人觉得你为人很随和，很容易相处。

当然，人人都喜欢听笑话，假如你构思了大量的笑话，而又富有说笑话的经验的话，那你恐怕是最受欢迎的人了。

与人幽默闲谈是人际交流中必要的环节，但是需要注意的是，很多人在幽默闲谈中把握不好分寸，甚至说一些不负责任的闲话，而这些闲话中难免会涉及别人的是非，如果说得多了，难免会伤害到他人。

第3章

处世幽默——柔以避祸，笑以挡灾

用幽默化解他人的攻击

幽默是在关键时候能够为你挺身而出的义气哥们儿，但是要它出来帮你解围的关键前提是你懂幽默。如果一个人连幽默是怎么一回事都不清楚，又怎会在危机时候用幽默为自己助阵呢?

幽默口才需要修炼，首先需要对幽默给予适度的重视以及必要的练习，将幽默地处世成为一种习惯，那么你将在曲折的生活中真正无懈可击。

人生在世，长在世，活在世，就应该慢慢体悟到圆融的处世之道。面对他人的不敬，应该用智慧、用口才去反驳。幽默口才的魅力恰恰在于能将棱角分明的话语表达出诙谐却不失锋利的语言威力。从以下两则小案例中可以身临其境般感受到幽默的魅力与威力。

苏联诗人马雅可夫斯基曾与反对苏维埃政府的人进行论辩。

反对者问："马雅可夫斯基，你和混蛋差多少？"

马雅可夫斯基怒而不露，不慌不忙地走到反对者跟前说："我和混蛋只有一步之差。"

在场的人听了都哈哈大笑了起来，那位攻击马雅可夫斯基的人只好灰溜溜地跑开了。

另外，还有这样一个故事。

俄罗斯有一位著名的丑角演员杜罗夫。在一次演出的幕间休息时，一个很傲慢的观众走到他的身边，讥讽地问道："丑角先生，观众非常欢迎你吧？"

"还好。"

"要想在马戏班中受到欢迎，丑角是不是就必须要具有一张愚蠢而又丑怪的脸蛋呢？"

"确实如此。"杜罗夫回答说，"如果我能生一张像先生您那样的脸蛋的话，我准能拿到双薪。"

在这里杜罗夫巧妙地把这位傲慢观众的脸蛋，同自己能否拿双薪联系在一起，从而产生了幽默的回击效果，对这位傲慢的观众进行了反讽。

案例中的几位主人公无不在为人处世之中，遵循笑的智慧，利用幽默将他人的攻击消灭于无形。如果说他人的言语攻击是箭，那么幽默的口才就是在任何时候都能够将利箭阻挡在外的盾牌。

"顾左右而言他"的幽默

在语言交际中，我们难免遇到一些令自己或者他人尴尬的问话，比如，涉及国家、组织的秘密，涉及个人收入、个人生活、人际关系等问题。对这样一些提问，如果我们只用一句"无可奉告"来应对，会显得生硬，如果套用正式用语来作答，又会给提问者造成心理上的失望与不快。总之，对待这样一些刁钻的问题，我们答得不好，就有可能给自己套上难解的绳索，使自己陷入十分难堪的泥淖，不能自拔以致大失脸面。

处于这样的尴尬场合时，就需要具备“顾左右而言他”的幽默语言艺术，从而能使你面对尴尬而峰回路转，取得柳暗花明的效果。顾名思义，“顾左右而言他”是指，对着身旁的人，却说别的话，喻指有意避开话题而用其他的话搪塞过去的说话方式，让生活充满欢快的情调，让严肃变得和蔼可亲。

在课堂上，老师突然叫一位学生来回答自己的问题，该学生回答完毕后，却引来了同学们的一阵哄笑。因为，这位同学回答的是前一道题，与现在的问题风马牛不相及。虽然老师也笑了，但是笑过之后，他对这位同学幽默地说道：“辛苦你了，快吃饭吧。”学生们听到老师如此“顾左右而言他”的幽默，更是笑得开心，连那位同学也不禁笑了起来，而且在接下来的时间里，他听讲听得认真了，对自己的老师也更加敬畏了。

这位老师巧妙利用了“顾左右而言他”的幽默技法，让这位同学不至于下不来台，同时也用自己和蔼的幽默态度感染了大家。

普希金也是一个善于运用幽默的人。

大诗人普希金一次在彼得堡参加一个公爵的家庭舞会，当他邀请一位小姐跳舞时，这位小姐极傲慢地说：“我不能和小孩子一起跳舞！”普希金很礼貌地鞠了一躬，笑着说：“对不起！亲爱的小姐，我不知道您怀着孩子。”说完便离开了，而那位漂亮的小姐无言以对，脸上绯红。

利用语言的双解，普希金巧妙地将话题的针对点从自己身上转到了那位漂亮的小姐身上，不露痕迹地将自己的尴尬转给了漂亮而又傲慢的小姐，使她脸红。

所以，我们在采用“顾左右而言他”的解围法时，应尽量把它运用得不露声色、婉转巧妙。

在幽默口才中，反讽不是气急败坏的叫嚣，也不是“黔驴技穷”的狂鸣，它应该是偶尔露出的峥嵘，锐利锋芒的一现，是在幽默中体现的处世方法。

触及他人痛处时的转机

与人说话中，有时会遇到这样的情况：对亲近的人说话，你有时忽略他的感受；批评人的时候，你会专挑对方的缺陷狠说；拒绝别人时，你偶尔要讽刺一下对方才甘心。其实这是非常缺少人情味儿的做法，有悖于道德与美德。在与他人的交谈中，应该切记不要触碰他人的伤口，与他人愉快地交谈。

每个人都有自己的忌讳，人人都讨厌别人提及自己的忌讳。与他人对话时，必须要看清对方的短处，不要将话题引到这上来，以免招来对方怨恨，特别是在开玩笑的时候。虽然大多时候，人们开玩笑的动机是好的，但如果不把握好分寸、尺度，就会产生一些不良的后果。所谓“说者无心，听者有意”。

在某学生寝室，初到的新生正在争排大小。小林心直口快，与小王争执了半天，见比自己小几日的小王终于同意排在最末，便说道：“好啦，你排在最末，是咱们寝室的宝贝疙瘩，你又姓王，以后就叫你‘疙瘩王’啦。”说者无心，听者有意，原来小王长了满脸的青春痘，每每深以为恨，此时焉能不恼？小林见又惹来了风波，心中懊悔不已，表面上却不急不恼，巧借余光中的诗句揽镜自顾道：“‘蜷在两腮分，依在耳翼间，迷人全在一点点。’唉，这真是‘一波未平，一波又起’呀！”小王听了，不禁哑然失笑——原来小林长了一脸的雀斑。

小林幽默地化解了尴尬的场面，其智慧令人叹服。无意中伤害了对方，那就对着自己的某个痛处“猛烈开火”，常会使对话妙趣横生，又能化解自己戳到别人痛处的尴尬。

有的时候，我们可能会在无意中触及他人的痛处，使谈话或者场面出现难堪，采用幽默的自我调侃也是一个很好的方法。

有一次，一群大学同学举行毕业10周年同学会，许多同学都来参加了。聚会上，一位男同学打趣一个女同学：“听说你先生是个大老板，什么时候请我们到大酒店撮一顿？”他的话刚说完，这位女同学就不自在起来了。这时另外一个女同学悄悄地告诉这位男同学，这位女同学前不久刚和丈夫离婚了。这个男同学知道真相以后，感到无地自容。不过他迅速地加以弥补说："你看我这嘴没把门的毛病怎么还和大学时一样呀，这么多年过去了，还是不知高低深浅，真是该打嘴！"那个女同学见状，虽然心里还是感到难过，但是仍然大度地原谅了这个男同学唐突的话。这时，这个男同学赶忙幽默地换了一个话题，从尴尬中转移出来。

当我们不小心触及他人痛处的时候，不妨也像这位男同学那样，不要死要面子，用真诚的语言来表达自己的歉意，这样对方的心里才能感到释然。

遭遇尴尬时故说痴话

为人处世中，顾全他人的情面是很重要的。在日常生活中，我们不可避免地会遇到很多碍于情面的场合，这个时候你会保持冷静还是委屈地掉眼泪呢?

我们在不同的场合都会遭遇尴尬。发生尴尬的情况不一样，应对方式当然也有差别。用幽默语言应对的一种很好的方式，就是佯装不知，故说"痴"话，好像这种尴尬从来没发生过一样。这样的幽默糊涂法，可以给自己带来好人缘。

一家星级宾馆招聘客房服务人员，经理给应聘者出了一道题目：

“假如你无意间把房间推开，看见女客一丝不挂地在沐浴，而她也看见你了，这时候你该怎么办？”

第一位答：“说声‘对不起’，就关门退出。”

第二位答：“说声‘对不起，小姐’，就关门退出。”

第三位却幽默地回答：“说声‘对不起，先生’，就关门退出。”

结果第三位应聘者被录取了。

为什么呢？前两位的回答都让客人有了解不开的尴尬心结，唯有第三位的回答很幽默也很巧妙。他妙就妙在假装没看清，故作“痴呆”，既保全了客人的面子，又使双方摆脱了尴尬，这就是幽默处世的价值所在。

在社交场合，许多人遭遇尴尬以后，即使假装不在意，其实心里还是会有疙瘩，因为对每个人来说，面子都是非常重要的。所以，有时候当别人遭遇尴尬，你的安慰可能只会让对方感觉更没有面子，这时，故作不知，幽默地说一句痴话，让当事人释怀才是最好的方法。

寓理于事，不言自明

寓理于事的幽默是种高境界，虽然没有用语言表达，却深谙幽默的真谛与本质。幽默是一种生活态度，是说话处世的圆融，是一种“只可意会，不可言传”的诙谐式表达。

中国有句老话："只可意会，不可言传。"这句话一语道破很多无法用语言形容的景象和状况。很多时候就是这样，比如你看到一篇佳作，你被深深打动了，可是如果有人说，你写篇读后感吧，那你多半会没兴致，提笔也写不出心中的感受。

不过"只可意会，不可言传"，毕竟只是一个托词，对于朋友、家人间的一些问题不好回答了，可以用这句话搪塞过去。然而在公众场合，比如领导提问、记者采访或者像外交官一样代表国家去处理外事，这句托词就起不到作用了。

如果对方问出一个让你非常棘手，不知如何回答的问题，该怎么办呢？不回答会显得无知，若是回答又没有贴切的语言可以描述。这时候你可以针对提问讲一个事例，让对方认同其中包含的道理，然后将此道理幽默地应用于对方的提问，使答案不言自明。

如果能反被动为主动，让对方代替自己回答问题，可以说是人际应对中的较高境界了，这就需要在幽默处世中圆融地寓理于事，让他人不言自明。

为此，在说话中我们可以针对对方的提问，举出一个类似的事例，反请对方说出其中的道理，然后回到最初的问题上，说明对方的观点正是问题的答案。一个回合下来，对方这个"系铃人"在己方的诱导下不知不觉又成了"解铃人"，使己方得以轻松地摆脱困境。

罗斯福第四次连任美国总统时，许多记者都抢着采访他，请他谈谈连任四次的感想。一位年轻记者破例得到罗斯福总统的接待。罗斯福没有正面回答这个记者提出的问题，而是先请他吃一块蛋糕。

记者获此殊荣，十分高兴，他很快便把蛋糕吃下去了。接着，总统又请他吃了一块。当他刚要开口请总统谈谈时，总统又请他吃第三块蛋糕。这个记者受宠若惊，肚子虽饱了，还是盛情难却，勉强吃了下去。

记者正在抹嘴之时，只见罗斯福总统微笑着对他说："请再吃一块吧！"

记者实在吃不下去了，便向总统告饶。

罗斯福总统幽默地笑着对他说："不需要我再谈四次连任的感想吧？刚才您已经亲身体验到了。"

罗斯福没有直接告诉记者自己的感受，而是让他通过连吃四块蛋糕，"体验"自己连任四次总统的感受，在幽默的行为中说出了记者所问问题的答案，策略可谓高明之极。

有时候语言确实很苍白，不足以表达你心里的感受，比如当你登上泰山，来到玉皇顶，看见头顶上云雾在太阳的照射下迅速退去，那种风云变幻的场景令你十分震撼。这时，如果有人在旁边问，谈一下你现在的感受吧。你一定顿时觉得索然无味，连继续欣赏景色的兴致都没有了。因为那个时刻，不说话只默默欣赏美景才是最好的。

有的话不需要说得很明白，对于不好的问题或者不方便说的话，不妨幽默地打个比喻，或者委婉推托一下，对方也就明白，不会无趣地盘问下文了。

幽默处世的至高境界不是侃侃而谈、极力争辩，而是通过幽默而深刻的语言或行为将自己的道理表现出来，这个时候尽管不去争辩，却已经给对方的提问以最有力的说明。

艰涩问题，避实就虚

试想一下，放在你面前两块石头，一块是圆而滑润的鹅卵石，一块是满是棱角的石头，你更喜欢把哪一块拿在手里玩耍呢？答案可想而知，没有人喜欢将一块棱角鲜明的东西握在手中玩耍，因为那会划破自己的手掌，令自己疼痛无比。鹅卵石则因为其圆滑的表面而让人喜欢。

以幽默处世的人就像这圆滑的鹅卵石一样惹人喜爱，不会给人带来伤害，并在不会伤及他人的同时实现了自我保护。因此，幽默的人更容易受人们的欢迎，幽默地说话更容易为自己解围。

美国前总统里根在访问中国期间，曾去上海复旦大学与学生见面，有一个学生问里根："您在大学读书时，是否期望有一天成为美国总统？"

里根显然没有预料到学生提出这样的问题，但这位政治家颇能随机应变，他神态自若地幽默地回答道："我学的是经济学，我也是个球迷，可是我毕业时，美国的大学生有1/4要失业，所以我只想先有个工作，于是当了体育新闻广播员，后来又在好莱坞当了演员，这是50年前的事了。但是我今天能当上美国总统，我认为是早先学的专业帮了我的忙，体育锻炼帮了我的忙，当然，一个演员的素质也帮了我的忙。”

里根这一段精彩的回答自有他独特的魅力，他采取“闪避式”的幽默回答方式，避开了直接回应学生提出的问题，从其他角度巧妙地加以回答。

我们在工作、生活中也经常遇到类似的问题，对这样的语势“锋芒”，采取断然回避的消极方法固然不行，“意在言外”可以说是一种较高的语言境界。表面上答非所问，实际上是以退为进。因此可以说“避锋”是为了“藏锋”，“藏锋”是为了更好地“露锋”，这样的幽默语言自然会有较强的魅力。

避实就虚的幽默方式体现的是一种迂回的思维方法。迂回思维法指的是在解决某个问题的思考活动中遇到了难以消除的障碍时，可运用避开或越过障碍而解决问题的思维方法，这对于工作中的创新和解决问题的口才应用具有很强的启发作用。无论是在工作还是生活中，采用闪避式回答的幽默术，可以让你的周围减少些烦恼围绕，让你的生活充满智慧的火花。

一位记者采访著名演员孙飞虎，对其简陋的住处简直难以置信，脱口而出地问道：“以您的身份、地位、名声，如果在香港，早已拥有几幢别墅、豪华的设施、高级的轿车。可是您为什么会住在这又高又简陋的五楼？”

这种涉及隐私的问题，一时很难说清楚，回答不好，反而会使双方都感到尴尬。孙飞虎眉头一皱，幽默地说道：

“女士，高高在上不正是我身份高贵的标志吗？”

这里，孙飞虎诙谐地将自己住的楼层之高与他曾扮演过的地位比较高的角色连接起来。这一避重就轻的回答，既避免了尴尬，又活跃了谈话氛围，显示了他的机敏与风趣。

人的世界像一片繁茂丛林，参差多态，有美有丑。审时度势的睿智，难得糊涂的达观，是聪明人所秉持的一贯态度。

当然，再美好的想法，也仅仅是想法。一个聪明的人，不应该只是个空谈家或者空想家。说话的圆融体现的是避直就曲的幽默语言艺术，通过拐个弯的方法，绕开摆在正前方的障碍，走一条看似复杂的曲线，却可以更快达到目的。这是迂回幽默语言的智慧，也是迂回思维的魅力所在。

讽刺幽默，机智防卫

年轻漂亮的女性，单身独处的时候，往往容易受到骚扰，但讽刺性的幽默可以帮助你减少不必要的麻烦。

一位年轻貌美的女子，独自坐在酒吧里，被一个油头粉面的青年男子瞧见了，于是他走过来主动搭话：“您好，小姐，我能为您要一杯咖啡吗？”

“你要到舞厅去吗？”她喊道。

“不，不，您搞错了。我只是说，我能不能为您要一杯咖啡？”

“你说现在就去吗？”她尖声叫道，比刚才更激动了。

青年男子被她彻底搞糊涂了，红着脸悄悄地走到一个角落坐下。这时几乎所有的人都把目光转向了他，鄙夷地看着他。

这位聪明女子的做法真让人叫绝，她故意装糊涂，大声叫嚷，引起别人注意，青年只好灰溜溜地躲开了。原来，幽默的口才不只是可以用来玩笑、用来放松心情，它还可以成为一种“防身术”，一种威力并不低于高端武器的防身术。

讽刺性的幽默只是针对不安好心的人而言的，在爱情的世界中，如果爱你的人正是你所爱的人，被爱是一种幸福。但是，假如爱你的人并不是你的意中人，或者你一点儿也不喜欢他，你就不会感觉被爱是一种幸福了，你可能会产生反感甚至是痛苦，这份你并不需要的爱就成了你的精神负担。别人爱你，向你求爱，他（她）并没有错；你不欢迎，你拒绝他（她）的爱，你也没错。最关键的是看你怎样拒绝，如果拒绝得恰到好处，对双方都是一种解脱，也可以免去许多麻烦。如果你不讲方式，不能恰到好处地拒绝别人的求爱，你就可能犯错误，不但伤害他人，说不定也伤害自己。

因此，讽刺性幽默只适用于那些居心不良的人，对于那些苦苦追寻自己爱情的痴情人，请收起幽默的讽刺，不要伤害一个在爱的世界中善良无比的人。

第4章

社交幽默——进退自如，笑出影响力

初次见面：幽默加深第一印象

在社交场合，赢得他人好感的重要因素来自于第一次见面的印象。在这个讲求效率的时代，初次见面的印象显得更加重要。心理学上说的“首因效应”，在这个时代已经成了金科玉律。也就是说，你留给别人的第一印象，很大程度上会影响这个人对你的看法。

幽默作为陌生人之间最经济的见面礼，却具有最强大的震慑力。从容、淡定的幽默会给他人留下平和的记忆与友善的印象。

之所以强调运用幽默加深第一印象的重要性，是因为“第一印象”是你在与人初次接触时给对方留下的形象特征。第一印象在人际交往中所具备的定式效应有很大的稳定性，一个人留给他人的第一印象就像深刻的烙印，很难改变。

有人说，所谓城市的生活就是几百万人在一起所感受到的寂寞。毕竟几百万人口的城市中，有将近几百万的人与你是陌生人，每一天我们都会在有意无意中结识新朋友。这个时候，不要让自己板起的面孔吓走新朋友。哪怕不 是朋友，也请时刻用幽默来包装自己的心灵，毕竟幽默的人带给大家的不只是欢笑，更有内心的充实与豁达。

如果你是一个有幽默感的人，就要把幽默心思放在第一次见面上了。第一印象只有一次，无法重来。难怪英国著名形象设计师罗伯特·庞德曾说：“这是一个两分钟的世界，你只有一分钟展示给人们你是谁，另一分钟让他们喜欢你。”所以在与陌生人交往的过程中，你一定要好好抓住两秒钟的印象效应时间，保持微笑，一句开朗而有活力的玩笑，会拉近两人的距离。如：“你好，你看起来好温和啊，像小绵羊。”

总之，形象是社交的第一印象，语言又是形象的代言人，在与人交往中，要学会说漂亮的幽默语言，给人一种积极向上的、乐观的印象，有利于开拓自己的社交圈子。

因此，你的幽默语言必须符合以下几点：

如果你不想成为同行的笑柄的话，你的表达必须得体；

如果你不想被同行或客户鄙视的话，你的幽默必须庄重；

如果你不想让人一眼看穿，你的语言必须是保守、得体的。

深化记忆：幽默地说出自己的名字

初次见面时经常遇到作自我介绍的情况，而在向陌生人作自我介绍时，许多人在介绍名字方面却做得不太好，在介绍时只是简单地报出自己的姓名：“我姓×，叫××。”自以为介绍已经完成，然而这样的介绍肯定算不上有技巧，也许只过了三五分钟，别人已经把他的姓名忘得一干二净，这样也就无法给别人留下深刻的第一印象。

幽默则是淡化记忆的克星，幽默的谈吐能够让他人牢记你的名字，长时间关注你的气质、风度与涵养。

因此，在社交场合，一个幽默的自我介绍如同一次令人刻骨铭心的广告。幽默的自我介绍，可以让他人在最短的时间内留下最深刻的印象，为进一步的交往打下良好的基础。然而一段幽默的自我介绍，首先应该从介绍自己的名字开始。幽默地说出自己的名字，一次成功的交际之旅将会让你收获颇丰。

一个人的姓名，往往有一定的意义，或反映时代的乐章，或寄寓双亲对子女的殷切厚望。因此，推衍姓名的幽默能令人对你印象深刻，有时也会令人动情。

为强化你在社交中的特色与潜能，特此列举出以下几种对姓名的幽默介绍法：

1.名人式幽默。

在新生见面会上，代玉作自我介绍时，风趣地说：“大家都很熟悉《红楼梦》里多愁善感的林黛玉吧，那么就请记住我，我是新时代的黛玉，叫代玉，我是黛玉的反版，因为我天生快乐。”

利用和名人的名字相近的方式来幽默地介绍自己的名字，关键注意所选的名人是大家所熟悉的，否则就收不到最终的幽默效果。

2.谐音式幽默。

朱伟慧在自我介绍中曾经这样幽默地说：“我的名字读

起来像‘居委会’，正因为如此，大家尽可以把我当成居委会，有困难的时候来反映反映，本居委会力争为大家解决问题。”听到这样的介绍，大家忍俊不禁。

大家笑不是因为朱伟慧的名字不仅起得趣味十足，更在于她将自己的名字介绍得幽默有趣。

3.姓名来源式幽默。

陈子健幽默地自白道：“我还未出生的时候，名字就在我父亲的心目中了。据说他很喜欢这样一句古语‘天行健，君子以自强不息’，于是毫不犹豫地给我取了这个名字，希望我像君子一样自强不息。没办法，父母之命不敢不从，何况刚出生的我还没有力气来修改自己的名字呢。”

以自己的名字来源作为噱头，幽默且不失明确的表达，于趣味中留给他人生动的印象，于豁达中施与他人快乐。

4.调换词序式幽默。

周非在自我介绍的时候，就经常调换词序，他经常这样跟人家介绍说：“把‘非洲’倒过来读就是我的名字——周非。所以请知道非洲的你们也同样明白我的存在。”

周非的自我介绍简单、幽默，充满个性，如果你的名字在顺序打乱后也是一个能够被大家熟知的事物，不妨从熟悉下手引导出自己的精彩介绍，那么想不让他人记住你都是一件比较难的事情吧。

5.摘引式幽默。

任丽群同学可谓是摘引式幽默的高手，她经常让陌生人过目不忘的原因不在于她外表的独特，而是在于她幽默的生活姿态。她在自我介绍中幽默地说道："大家都知道'鹤立（丽）鸡群'这个成语，我是人（任），更希望出类拔萃，所以，我叫任丽群。"

这种幽默、风趣的自我介绍，想不引起他人的注意都很难。总之，自我介绍有很大的发挥空间，我们应该想方设法把它丰富起来，不要放过任何一个吸引人注意的机会。

幽默地说出你的名字，将自己的名字与大家熟知的"笑点""笑料"巧妙联系在一起，你在介绍自己的名字的同时，已经不经意地牵引他人去想象、去发笑。

因此，幽默地说出你的名字，你将会是交际场上永远受人欢迎的一只优雅地翩翩起舞的蝴蝶，尽显自己的恢宏气度与乐观本质。

幽默公关：巧妙说服助你成功

俗话说：万事开头难。向别人提要求是件很难的事情。不仅是你，对方也会感到有一定的麻烦存在。所以，幽默的语言对公关非常必要。彬彬有礼的幽默语言是最好的敲门砖，把握好分寸就会让人难以拒绝。

人都是情感动物，只要你能打动他，他必然会欣然应允你的要求，而适当的幽默策略会使与人商谈的气氛变得友好、和谐，因此无论是间接请求还是述因请求，在提要求或者做宣传的时候尽量幽默一些，不给对方压力，也不要使自己压抑。幽默的说话技巧会让你在公关中如鱼得水。

公关，通过与人交涉来开展自己的业务，公关的成败在于口才，口才的关键在于对幽默的把握。

某家银行的分行开张的时候，在报纸上登载了一份很幽默的广告，广告将银行职员的姓名与一些有趣的漫画人物结合在了一起，一下子引起了当地人的极大兴趣，争相前来观看。开幕仪式结束后还有很多人慕名前来观看，其中有的人甚至将报纸上的漫画人物与银行里正在工作的职员一一进行比较。如此一来，银行的知名度打开了，销售业绩步步高升，漫画给银行带来了效益，更确切地说是幽默公关给银行带来了利润。

像这家银行一样利用幽默来实现顺利公关、打开品牌销路的例子不胜枚举。如美国的一家打字机公司就曾幽默地打出自己的广告语："不打不相识"；有家餐厅的广告语这样说："本店征招顾客无数名，无须经验。"广告作为公关的范畴，目的就是激发人们潜在的购买欲，最终实现购买行为。而幽默是公关业务最巧妙的说服。

另外，幽默公关的技巧主要包括：

1.公关交谈，没话要找话，话要有趣味

真正的幽默高手，不会出现冷场的尴尬局面，因为他们总是能够在适当的时候找到合适的话题来打开不和谐的场面。公关是一个公司综合发展的重要手段，公关的幽默口才对商谈的进程起到非常重要的作用。

幽默可以让优秀的公关人员在轻松交谈中处于主动地位并引导整个交谈的进程，从而促进商务活动的开展，实现强有力的合作。

2.幽默激将，说服他人妙不可言

激将法是幽默公关中的一种战略，而幽默的激将法不仅仅是内在幽默生活态度的体现，更是一种圆融的说话智慧。学会幽默的激将表达，你将会说服他人无法说服的人，你将会做到他人难以做到的事情。

含蓄说话：幽默胜过千呼万唤

1890年，美国著名的幽默作家马克·吐温和一些社会名流参加道奇夫人的家宴。不一会儿，就出现了大宴会上经常发生的情况：人人都在跟旁边的人谈话，而且在同一时间讲话，慢慢地，大家便把嗓音越提越高，拼命想让对方听见。

马克·吐温觉得这样有伤大雅，而如果这时突然大叫一声，让大家都安静下来，肯定会惹人生气，甚至闹得不欢而散。怎么办呢?

马克·吐温心生一计。他对邻座的一位太太说：“我要让这场吵闹静下来，法子只有一个。您把头歪到我这边来，装成对我讲的话非常好奇的样子，我就这样低声说话。这样，旁边的人因为听不到我说的话，就会想听我说的话。

“我只要叽叽咕咕一阵子，你就会看到，谈话会一个个停下来，最后，除了我叽叽咕咕的声音外，其他什么声音都没有。”

接着，他就低声讲了起来：“11年前，我到芝加哥去参加欢迎格兰特的庆祝活动，第一个晚上举行了盛大的宴会，到场的退伍军人有六百多人。

“坐在我旁边的那位先生，他耳朵很不灵便，有了聋人通常有的习惯，不是好好地说话，而是大声地吼叫。他有时候手拿刀叉沉思五六分钟，然后突然一声吼叫，会吓你一跳。”

说到这里，道奇夫人那边桌子上闹哄哄的声音小了下来。然后寂静沿着长桌，一对对、一双双蔓延开来，马克·吐温用更轻的声音一本正经地讲下去：“在那位先生不作声时，坐在我对面的一个人对他邻座讲的事快讲完了……说时迟那时快，他一把揪住她的长头发，她尖声地叫唤，哀求着，他把她的领子按在他的膝盖上，然后用刺刀猛然一划……”

到这时候，马克·吐温的玩笑已经达到了目的，餐厅里一片寂静。马克·吐温见时机已到，便开口说明他玩这个游戏是要请他们记住这个教训，从此要讲礼貌，顾念大家，不要一大伙人同声尖叫。大家听了，哄堂大笑，只是个个脸上的表情都有些尴尬。

任何时候给他人提意见都不是一件轻松的事情，提意见从出发点来看是出于好心，但不小心就会给他人造成不快，尤其是在公众场合。

如果能把直言变成幽默的语言，既能够表达自己的意见，又能使对方在笑声中认识到错误，听取你的意见。

化解尴尬：幽默融化交际之冰

社交过程中，并不总是一帆风顺，当你在公众交往中遇到了让自己尴尬、让他人尴尬、让自己为难、让他人为难的境况时，不要着急摆脱，学会运用幽默的智慧将谈话的感情色彩淡化，才能将交际之冰巧妙融化。

幽默的口才就如春风一样让人心旷神怡，愉悦人的情感，让你在亲和中拉近双方距离。这就是幽默在交际中的魅力与威力。

因此，在社交活动中如果遇到让人尴尬而不满的情景，最好不要生硬地表达，而要学会运用幽默，淡化感情色彩，从而摆脱尴尬的局面。

在纽约国际笔会第四十八届年会上，轮到陆文夫发言。面对来自世界四十多个国家的六百多位代表，他不慌不忙，侃侃而谈。

有人问："陆先生，您对性文学怎么看？"这是一个尖锐的问题，回答不好会涉及不同国家的文化冲突问题。

陆文夫清了清嗓子风度翩翩地说："西方朋友接受一盒礼品时，往往当着别人的面就打开来看，而中国人恰恰相反，一般都要等客人离开以后才打开盒子。”

听众席里发出会意的笑声。

陆文夫面对难以回答的问题，别出心裁，用一个充满睿智和幽默感的生动比喻，把一个敏感棘手的难题解答得既简练通俗又圆满精辟。凭借诙谐的语言表达了自己对此的态度，淡化了感情色彩。

无独有偶，英国前首相丘吉尔也曾经在公众场合遭遇了尴尬。但是，他没有被突如其来的嘲笑所吓倒，因为幽默的智慧远远胜过嘲笑的挑衅。

英国前首相丘吉尔在他执政的最后一年，出席一个政府举办的仪式。在他身后不远的地方有几个绅士窃窃私语：“你看，那不是丘吉尔吗？”“人家说他现在已经开始老了。”“还有人说他就要下台了，要把他的位子让给精力更充沛更有能力的人了。”当这个仪式结束的时候，丘吉尔转过头来，对这几位绅士煞有介事地说：“唉，先生们，我还听说他的耳朵近来也不好使了。”

丘吉尔知道，自尊自爱是要以适当方式来表达自己的思想感情，他这里的幽默一语，既淡化了感情色彩，给自己解了围，表达了不满，又使那些绅士自讨没趣。

社交场合碰到别人的不恭言行，还真不能发作，但憋在心里也不好受。海明威曾说过：“告诉他你不高兴，但在话中别出现‘不高兴’这个词。”把表示不满的语言用幽默掩饰一下，让对方知道你不高兴，又不至于破坏气氛，是个不错的方法。

在社交场合中，随时都可能遇到“结冰”的状况，灵活的人会选择用幽默的沟通方式破除不和谐的“坚冰”。淡化感情的幽默技巧，是走上成功社交之路的法宝，是我们在现代生活中立于不败之地的重要技能。那么，正在思索该如何在社交中如鱼得水般的你，应该学会用淡化感情的方式来渲染幽默的氛围。

淡定一笑：面对嘲笑多点雅量

面对他人的嘲笑，一定要有胸襟、雅量，能够幽默地面对他人的嘲笑是一种境界，也是一种做人的智慧。

幽默所体现的正是大度的气量与乐观的生活姿态。幽默不仅让我们感受到了快乐的力量，而且能够让我们体会到豁达与包容。

在社交中，受到他人的称赞与尊重固然是值得高兴与欣慰的事情，但毕竟一个人的言谈举止不可能满足各种人的“口味”。因此，人在“江湖”受到一部分人尊重的同时，而会受到另一部分人的嘲笑。遇到他人的嘲笑时，不妨多点幽默的雅量来面对。幽默会让你看淡他人的无礼，提升自己的人格。

因此，幽默的社交不仅是让他人看到、听到你的幽默口才，更重要的是能让人感受到你幽默的内心与豁达的生活态度。

曾任美国总统的福特在大学里是一名橄榄球运动员，体质非常好，所以他在62岁入主白宫时，仍然非常挺拔结实。当了总统以后，他仍继续滑雪、打高尔夫球和打网球，而且擅长这几项运动。

在1975年5月，他到奥地利访问。飞机抵达萨尔茨堡后，他走下舷梯，他的皮鞋碰到一个隆起的地方，脚一滑就跌倒在跑道上。他站起来，没有受伤，但使他惊奇的是，记者们竟把他这次跌倒当成一项大新闻，大肆渲染起来。在同一天里，他又在丽希丹宫被雨淋湿了的长梯上滑倒了两次，险些跌下来。随即一个说法散播开了：福特总统笨手笨脚，动作不灵敏。自此以后，福特每次跌跤记者们都添油加醋地把消息向全世界报道。后来，他不跌跤竟然也变成新闻了。哥伦比亚广播公司曾这样报道说："我一直在等待着总统撞伤头部，或者扭伤胫骨，或者受点轻伤之类的来吸引读者。"记者们如此渲染似乎想给人形成一种印象：福特总统是个行动笨拙的人。电视节目主持人还在电视中和福特总统开玩笑，喜剧演员切维·蔡斯甚至在"星期六现场直播"节目里模仿总统滑倒和跌跤的动作。

福特的新闻秘书朗·聂森对此提出抗议，他对记者们说："总统是健康而且优雅的，他可以说是我们能记得起的总统中身体最为健壮的一位。"

"我是一个活动家，"福特幽默道，"活动家比任何人都容易跌跤。"

他对别人的玩笑总是一笑了之。

1976年3月，他还在华盛顿广播电视记者协会年会上和切维·蔡斯同台表演过。节目开始，蔡斯先出场。当乐队奏起“向总统致敬”的乐曲时，他“绊”了一下，跌倒在歌舞厅的地板上，从一端滑到另一端，头部撞到讲台上。此时，每个到场的人都捧腹大笑，福特也跟着笑了。

当轮到福特出场时，蔡斯站了起来，佯装被餐桌布缠住了，弄得碟子和银餐具纷纷落地。蔡斯装作要把演讲稿放在乐队指挥台上，可一不留心，稿纸掉了，撒得满地都是。众人哄堂大笑，福特却满不在乎地说道：“蔡斯先生，你是个非常、非常滑稽的演员。”

面对嘲笑，最忌讳的做法是勃然大怒，大骂一通，其结果只会让嘲笑之声越来越炽。要让嘲笑自然平息，最好的办法是运用幽默的姿态一笑了之。一个有幽默感的人，不会急于辩驳，而是有风度、有气概地接受一切非难与嘲笑。

这再次证明了幽默更具有影响力，幽默是尴尬与拘谨的克星，幽默让一个有涵养的人懂得用雅量去面对他人的嘲笑。

在社交过程中，以讥讽应对嘲笑，只会降低自己的品格，让他人的嘲笑声再次风起云涌。多点雅量面对嘲笑，是对自己的信任，对他人的包容，是淡定的从容积淀出来的优雅。有了雅量的人生，就是充满尊敬、赞扬的人生。

第 5 章

沟通幽默——寓庄于谐，更易成功

善用微笑为幽默的气场加分

有人这样评价微笑与幽默：真正的幽默很多源自于真诚的热情而少出于理智的思考，幽默不是鄙夷，不是出现在哄笑里，它的真义在于爱，出现在安详的微笑里。

幽默不是肤浅的谈笑，也不是低下的嘲讽，它是健康的、积极的，它蕴含哲理而妙趣横生。如果说幽默能给机械而繁忙的生活带来一丝生机与活力，那么我们不妨都成为生活中淘取幽默的高手，让生活充满情趣，让快乐的微笑时刻洋溢在我们的嘴角。而在社交场合中微笑是最重要的表情。

微笑是一种良性的脸部表情，反映出一个人的内心世界，是自信的标志、礼貌的象征、涵养的外化、情感的体现。在演讲中可以表现开朗与温和，可以形成融洽的气氛，消除听众的抵触情绪，可以激发感情，缓解矛盾。幽默的智者往往能够在脸上出现一种标志性的表情——微笑。

微笑可以以柔克刚，以静制动，沟通情感，融洽气氛，缓解矛盾，消融“坚冰”，为幽默口才表达的成功打下良好的基础，是善意的标志、友好的使者、成功的桥梁。服务业的老板有一个共识：宁肯雇用一个小学还没毕业的职工——如果他随时展露出可爱的微笑，而不愿雇用一位面孔冷漠的博士。这话有些极端，然而却道出了其中的奥妙。

一次和朋友搭出租车去一个不大熟悉的地方。一路上，我们和司机有说有笑。但不知为什么，车开出不久就连续遇到五六个红灯。眼看快到了路口，又碰到一个红灯。朋友随口嘟囔着：“真倒霉！一路都碰到红灯，就差那么一步。”听到朋友的话后，司机转过头，露出一个很豁达的笑容：“不倒霉！世界很公平，等绿灯亮时，我们就会第一个走！”

司机简单的一个笑容，简短的一句话，带给了我们快乐。快乐其实很简单，快乐就产生于我们看待同一件事情的不同角度中。学会以笑待人，我们将会在到处充满美好的世界中，遇见心想事成的自己。

发自内心的微笑是人们美好心灵的外现，是幽默的涵养，也是心地善良、待人友好的表露，更是一个人有文化、有风度的具体体现。一个有幽默口才的人，就应该是这样的一种人。做说服人的工作，参加辩论和谈判，首先要打动他人的心，而动其心者莫先乎情，表情中最能赢得人心的是微笑。发自内心、表达真情实感的微笑，是取得说服效应的“心理武器”，也是辩论和谈判取得成功的秘诀之一。

既然在日常的交谈、辩论、演讲中，微笑有众多的效用，那么微笑训练便显得必要。然而，微笑训练都有哪些技术上的要求呢？这里介绍一个小小的诀窍，发明人是我国著名的电影表演艺术家孙道临。他说你只要在嘴上念声“茄子”就行了。

恰当的微笑，会让幽默的气场不断扩大，会让他人更加轻易地接受你、喜欢你。

幽默道歉，谅解不请自来

几乎对所有人来说，道歉都不是一件很轻松的事，道歉会让大家感觉到难为情。但是如果做错了事，就要请求他人的原谅。道歉也是一门很有学问的艺术。学会幽默，道歉也会变得容易，没有我们想象中的那么难以启齿了。试着幽默地表达自己的歉意，这不仅不会让我们觉得没有“面子”，还可以很好地化解难题。

夫妻之间，发生争吵犹如家常便饭。这不，老孙又跟妻子吵架了，他们相互赌气，一连好几天都互不理睬。老孙就想，自己作为男子汉大丈夫，和老婆计较显得太不大度，于是，他想了一个办法。

这天晚上，在睡觉之前，老孙在床头的桌子上放了一张字条，上面写着：“孩子他妈，明天，请在早上6点钟叫醒我，我有急事需要处理。孩子他爸。”

第二天早上，老孙一觉醒来，却发现已经7点了，当时他就想，妻子没有叫醒我，难道她还没有原谅我的意思？正要生气，却看到床头柜上有张字条，上面写着：“孩子他爸，快醒醒，快醒醒，已经6点整了。孩子他妈。”看到这张字条，老孙再也气不起来了，不禁笑出声来。拿着这张字条跑到妻子面前，没想到妻子也笑了。

直白的道歉可以起到立竿见影的效果，幽默含蓄的道歉方式同样可以赢得对方的欣赏和认同。老孙和妻子之间这种无声的示好方式实在是非常高明。以幽默的情景喜剧来代替干瘪乏味的语言，解决日常生活中的分歧，最后可谓是皆大欢喜，有一个快乐的结局。

马先生在外忙着做生意，所以经常会忘记太太的生日。他太太为此跟他有过好几次不愉快，所以马先生便向太太保证说以后一定记得她的生日，会给她庆祝。但是，不巧的是，他太太今年的生日，他又忘了。生日过了3天他才想起来。虽然如此，他还是给太太买了一份精美的礼物，然后送到他太太的面前，说："亲爱的老婆大人，你的样子真是太年轻了，我都没反应过来你又长了一岁。这也难怪我记不得你的生日。"本来马太太还一直对这件事情耿耿于怀，但是，看到丈夫为自己选了礼物，并且还说了一句这么贴心的话，就没有了脾气，转怒为喜了。

马先生在弥补自己过失、给太太道歉的同时，幽默地声称是自己没有察觉到太太已经老了一岁，因为自己的太太看起来依旧那么年轻，所以会忘记她生日的来临。马先生如此巧妙幽默地借机称赞太太年轻貌美，这样的道歉，即使是再生气的太太也会无力拒绝。

如果你正为自己做错了事而烦恼，想着要如何向对方道歉的话，那就尝试着施展一下自己的幽默魅力吧。因为，幽默是人生的一种态度，是精神的一道出口，是生活的一杯美酒。

如此说来，对掌握幽默技巧的人来说，道歉并不是一件难事。懂得用幽默道歉，可以让自己的精神世界变得丰富多彩起来，没有人会拒绝诚挚与快乐的致歉。所谓世上无难事，只怕幽默人。

活学活用的灵性让谐趣顿生

人的一生，都是在不停地学习。这个学习包括两个方面：一种是学习文化知识，如学生们每天坐在教室里听老师讲课，另一种则是在实践中学习，学习各种技术技巧。学习的效果也可以分成两种：一种是潜移默化式的，另一种就是立竿见影式的——我们把这一种叫作活学活用。而在做事的幽默技巧中，也有一种方式叫作活学活用式的幽默。

活学活用式的幽默是指在学习别人的做法时，理解并掌握别人的方法，然后将这种方法运用到自己的实践中来。

一次，小王向邻居借了一笔钱，借钱的时候，说好一个月后归还。一个月后，邻居向他要钱，他故作惊讶地说："我没有借你的钱呀！"邻居看了看他说："你忘了吗？上个月的时候，你向我借的。"

小王故作惊讶地说："对，上个月我的确借了你的钱，但是，你应该知道，哲学上讲'一切皆流，一切皆变'。现在的我已不是上个月向你借钱的我了，你怎么叫现在的我为过去的我还钱呢？"

邻居气得一时无言以对，他回到家里，想了一会儿，拿了一根木棍，跑到小王家里狠狠地把小王痛打了一顿。小王抱着头气势汹汹地叫道："你打人了，我要到法庭去告你，等着瞧吧。"邻居放下木棍，笑嘻嘻地对小王说："你去告吧，你刚才不是说'一切皆流，一切皆变'吗？现在的我，早已不是刚才打你的我了，你确实要去告，就告那个刚才打你的我吧。"小王听了，无话可说，被暴打一顿，也只好自认倒霉了。

无独有偶，一个吝啬的老板叫仆人去买酒，却没有给他钱，仆人问："先生，没有钱怎么买酒？"老板说："用钱去买酒，这是谁都能办到的。如果不花钱买酒，那才是有能耐的人。"一会儿，仆人提着空瓶回来了。老板十分恼火，责骂道："你让我喝什么？"仆人不慌不忙地回答："从有酒的瓶里喝到酒，这是谁都能办到的。如果能从空瓶里喝到酒，那才是真正有能耐的人。"

不花钱买酒与空瓶里喝酒一类比，其内在就出现了针锋相对的矛盾，谐趣顿生。"现炒现卖"的幽默回答，表现了仆人的智慧。

顺势而语，幽默口舌巧做事

以最佳的方法追求最佳的目的，叫作"智慧"。幽默智慧则是以最幽默的方法追求并实现最佳的做事目的。

这个时代，盲目的蛮干已经不再适用当下的生活以及工作形式。这是一个说话、做事都讲求头脑的时代，因此想要达到最佳的目的，就多发挥一下自己的思考力，寻求出一个最有利的方法。幽默口才，则是在智慧的基础上生成的轻松、诙谐的做事方法、说话技巧。

这是在哈佛课堂上常会听到的一个幽默智慧故事。罗斯是闻名世界的大化学家、百万富翁。他买了很多精美绝伦的世界名画和珍贵文物，并将这些昂贵的东西放置在宽敞的客厅里供客人欣赏。

一个小偷得知此事后，便想去偷几件卖掉。一个深夜，他悄悄潜入罗斯家中，发现室内无人，就大胆地摘下了一幅价值20多万美元的名画，并抱起桌上的一件文物，正欲溜出门去。这时，一瓶酒吸引了小偷的注意。酒液清碧，散发出阵阵扑鼻的酒香。这小偷爱酒如命，马上拧开酒瓶盖，仰起脖子大口大口地喝了起来。忽然门外传来了脚步声，小偷马上放下酒瓶，夺路而逃。

警察在屋里没有发现罪犯的任何痕迹。这时罗斯的仆人说，放在客厅里的酒少了半瓶，一定是那窃贼贪杯，喝了几口。警长乔尼听后心生一计，让罗斯马上写了一份声明，在当天的晚报上登出。第二天，窃贼竟然来叩罗斯家的门了。躲在屋内的警察马上冲出去抓住了窃贼。

罗斯登报声明写了什么，竟使小偷自投罗网？声明内容如下："我是化学家罗斯。今天回家，我发现家中桌子上绿色酒瓶里的液体被人喝了几口。那不是酒，是有毒液体。谁喝了快到我家服解药，否则两天内必有生命危险。请读者阅后相互转告。万分感谢！”

顺势而语是一种机智，“解药”成了一种巨大的诱惑，警长让罗斯幽默地把酒液说成是毒药，造成窃贼的心理恐惧，以至于回到罗斯那里寻找所谓的“解药”，使窃贼自投罗网。乔尼警长抓住了人惜命胜于惜财这点，迅速地找到了解决问题的方法。

从用智慧做事的理论中可以得知，解决问题的最佳方法往往是在耗费最少精力与口舌的情况下达到了最终目的。

舞台上，在击毙敌人的一刹那，手枪竟没有响。再次射击时，仍无声音。台下的观众哗然。演员一时不知所措，他慌乱地抬起脚，朝敌人狠狠踢去。扮演敌人的演员却很幽默，只见他慢慢地倒在了地上，然后吃力地抬起了头，用微弱的声音说道：“他的靴子，原来有毒！我……我真的不行了……”

观众们一阵大笑，最后演出取得了完满的成功。如果没有那位演员的幽默应变，说不定就会遭遇冷场的尴尬，幽默智慧让事情可以在意外中得以顺利发展。

做成一件事情，离不开智慧的头脑，也离不开智慧的口才。幽默作为“丰富而深刻的精神基础”，是一个人智慧积淀的结晶，是走向成功之路的安全扶梯。

直意曲说，圆融幽默易成事

圆融幽默是一种姿态，一种生存的韧性。圆融之人如“水”，遇山水转，遇石水转，以“天下之至柔，驰骋天下之至坚”。水灵活处世，不拘于形、因势而变的运行姿态是圆融的最好的诠释。幽默能够让你不断改变行事风格和处世策略，让你在整个交际生活中游刃有余。

圆融幽默能考虑他人的感受或者保护自己的隐私。

心理学的研究表明，谁都不愿把自己的错处或隐私在公众面前“曝光”。一旦被曝光，被曝光的人就会感到难堪或恼怒。因此，在交际中，如果不是为了某种特殊需要，一般应尽量避免触及对方所避讳的敏感区，避免使对方当众出丑。必要时可委婉地暗示对方你已知道他的错处或隐私，便可对他造成一定的压力。但不可过分，只需“点到为止”。

既能使当事者体面地“下台阶”，又尽量不使在场的旁人觉察，这才是最巧妙的“台阶”。批评他人时，莫忘给对方备好台阶，以变通的幽默智慧创造出和谐的生活天地。拒绝他人时，用圆融的幽默代替直言的冲撞，将不好说的话幽默地说出来。

约翰·辛格·萨金特，美国人像画家，特别擅于画富人和名人。

在一次晚宴上，萨金特发现自己身边坐着一位热情洋溢的女倾慕者。“哦，萨金特先生，前两天我看到了您最近的一幅画，忍不住吻了画上的人，因为那人看上去太像您了。”她动情地告诉萨金特。

“那么，他回吻了您吗？”画家幽默地问。

“什么？它当然不会。”女倾慕者干脆地说。

“这么说，他一点儿也不像我。”萨金特大笑了起来。

约翰·辛格·萨金特并没有对女倾慕者的告白直接表示出自己的看法，而是委婉地通过画像作借口，表达了自己对倾慕者的态度。圆融的幽默，保留了他人的情面，显示了人格魅力的光环。

谈吐幽默的人往往都会不动声色地让对方自己识趣，有时遇到意外情况使对方陷入尴尬境地，圆融幽默的人在给对方提供“台阶”的同时，往往会采取一些妥善措施，及时用幽默的语言给对方的尊严上再增添一些光彩，使对方感激不尽。

另外，如果直来直去不容易达成做事情的目的，就要学会幽默拐弯。直线像一把利刃，虽然锋利但难免伤人；曲线像一个圆，虽然线长但往往能如我们所愿。谈吐幽默的道理亦如此。

在美国的一所大学里，一位善用圆融幽默的俄文教授在给同学们上第一堂俄文课的时候，居然带着他的一只小狗来到了课堂上。在上课之前，这位教授用俄语作为口令，让自己的小狗做了一系列精彩的表演，每一个口令代表着一个动作。小狗很精彩地完成了表演，赢得同学们的热烈掌声。

待掌声逐渐安静下来，教授指着自己的小狗对大家幽默地说道："各位同学们都已经看到了，这只小狗能够按俄语的指令一个不差地完成表演。"稍作停顿后，他又说，"由此可见，俄文是很容易学会的，连一只小狗都能够听得明白，相信大家更是没有问题的。"

这位俄文教授并没有像一般的老师一样，上课就对自己的学生说学习有多重要，用死板的教条来督促学生。他圆融地借助了小狗的表演来激发学生们对俄语学习的兴趣，同时幽默地指出了学习俄语并不是什么难事。

让脑子转个弯儿来补救失言

懂幽默的人会及时驾驭自己的思维，让自己的脑子因地因时地转弯。"人有失足，马有失蹄"，在现实生活中，即使辩才如张仪，也难免会陷入词不达意的尴尬，更不用说偶尔头脑发昏，举止失当，做出莫名其妙的蠢事。虽然个中原因不同，但后果却相似：贻笑大方或引起纠纷，有时甚至一发不可收拾。这种时候，你就得让脑子转个弯儿，巧用幽默思维化解纠纷。

美国前国务卿基辛格是一位成功的外交家。一次，他在接受意大利女记者法拉奇的采访时，说起自己成功的外交施政时，竟夸口说道："美国人崇尚只身闯荡的西部牛仔精神，而单枪匹马向来是我的作风，或者说是我技能的一部分。”此番话一经报纸发表，马上引起轩然大波，连一贯赞赏基辛格的人们也不满于他好大喜功的轻率言论。然而，基辛格毕竟是基辛格，他不但沉住了气，还幽默地主动接受采访并乘机声明：“当初接见法拉奇是我平生最愚蠢的一件事，她曲解了我的话，拿我来做文章罢了。”

基、法两人的话，究竟谁真谁假，外人一下子丈二和尚摸不着头脑。这便是一种转移别人注意力的幽默方法。它可以减轻失误的严重性，但在一般情况下，应用此法应该谨慎，因为它实际上是诿过于人，不到万不得已最好不用，以免有损自己的声誉，失去他人的信任。

从前，有一个云游天下的僧人，很有智慧。一次，他来到一个地方，听说前方有一户人家，从来不许人借宿，他决定去借宿一夜。

天黑下来以后，这个游僧就走进了这户人家。这时，他突然变成了一个“聋子”。在互相致意之后，主人急忙给他烧了茶，招待他吃了饭，然后打着手势对他说：“吃了饭早点动身吧，我们家里是不能过夜的。”

游僧佯装不懂，只是瞪大眼睛看。主人用手指指门，再次请他出去。

“好，好。”游僧好像懂了。一边儿说着，一边儿大步走到门外，把包裹拖了进来，放在西北角的柜子前。

主人又做了一个背上包裹快走的手势。游僧立即跳了起来，举起包裹放在柜子上面，嘴上说：“这倒也是，里面可全是经书啊！”

主人又反复比画，要他走。他却点点头，说：“没有小孩好，不会乱拿东西。我把两根木棍插在包裹的粗绳上了。”人家说东，他就说西，弄得主人哭笑不得，最后没法，只得留他过了一夜。

很多情况下，如果据理力争不成功，反向思维，用“装聋作哑”去化解异议、转移话题，让他人无法推辞，从而达到自己的目的。

有句俗语说，一半是真，一半是假。“借口”永远是有的，就看你如何去发现，怎样去利用。这应验了中国的一句古谚语：“塞翁失马，焉知非福。”将自己说过的“错话”添文减字，让意思改变，是幽默改口的另一个招数，抑或将自己的意愿通过另一种方式委婉地表达出来，就会更加容易被人接受。

但是，需要注意的是用幽默补救言语失误或举止失当，应视场合而采取不同手段。灵活运用，方能百战百胜。如果拘泥于形式，只会适得其反。以上所介绍的只是变通情况下应采取的幽默应对之法，希望对读者有所帮助。

因此，当你发现自己不小心说错了话的时候，不妨让自己的脑子转个弯，变换一下语言，将失言解释得津津有味。

第6章

说服幽默——把幽默的话说到心坎上

“欲擒故纵”，幽默地说服他人

欲擒故纵幽默法，一般很有效力。一是增加了幽默感，从而使自己的要求更易于为对方所接受。因为心理学理论告诉我们，同一要求，采用不同的方式表达，其客观效果是不一样的。二是先放后收，使对方难以讨价还价，只得照办。

日本大银行不允许职员留长发，因为留长发会给顾客留下颓废和散漫的印象，有损银行的形象。

有一次，一家银行的经理和人事部主任接见一批笔试合格的考生，发现其中有不少留长发的男士。为了能使这些留长发的考生都剪短发，人事部主任在致辞时，没有正面提出要求，而是充分运用了他杰出的口才和幽默感，只说了几句话，便使留长发的考生愉快地接受了他的意见。他是怎么说的呢？

人事部主任留着陆军式的短发，他说：“诸位，敝行对于头发的长短问题，历来持豁达的态度，诸位的头发只要在我和经理先生的头发长度之间就可以了。”

众人立即把目光投向经理，只见经理先生面带笑容站起来，徐徐脱帽——露出了一个光头。

人事部主任使用的就是欲擒故纵法，他的本意是要求考生们都留短发的，但他却不直接说出来，而是故意表现出一种豁达的态度，似乎他们的要求并不高。

表面上看来，银行对于头发长短问题历来持“豁达的态度”，好像是“纵”，实际上，“诸位的头发长度只要在我和经理先生的头发长度之间就可以了”，却是“擒”。他是用不同的方式表达了公司的要求。以退为进是欲擒故纵的战略战术之一。

“以退为进”原是军事上的用语，暂时退让输赢未定，伺机而进，争取成功，这就是一种欲擒故纵的策略。谈判也如打仗一样，亦是互相交锋，争斗激烈。有时要继续谈下去，有时则要暂时休会，有时要据理力争、讨价还价。

有时候，即使双方都做了许多让步，但双方仍有异议，似乎谈判已钻进了死胡同。在确信谈判双方有许多共识，并且主动权在我方手里时，便可采用以退为进的方法。当然，这需要谈判者运用娴熟口才技法，以免被对方识破。

如果你是对的，你要坚持自己的观点，说服别人接受，那么最好试着以一种温和、幽默、豁达的态度和技巧达到目的。退一步实际上可以让你进两步，这就是以退为进的高明之处。

许多人并非以论据去反对，往往是意气用事，强硬说服，为反对而反对，若有一方能稍作让步，另一方就会不再反对从而使气氛和缓下来。

又如吵架的一方正欲向对方挥拳时，若对方以幽默的语气向他道歉，本欲挥下的拳头顿时失去了目标而缓缓垂下，一场火药味浓烈的争斗也顿时熄灭。

创造独特，让幽默推动销售

销售已经成为发展企业、促进经济的最重要的业务之一，然而销售就必须提及说服力。能够将自己的产品成功地销售出去，离不开说话的水平，确切地说是独特的说服力。当把幽默元素带入到说服中的时候，谈成业务就不再是难事。

在日趋激烈的销售战场上，一个销售员如果没有巧舌如簧的幽默口才，是很难拨动客户购买的心弦的。交易的成功往往是幽默口才的产物。

作为一名销售人员，想要客户心甘情愿地从腰包里掏钱购买你的产品，必须掌握说服的技巧和艺术。用出色的幽默口才将自己产品的独特卖点以及其他足以让客户欣赏的优越性展现给客户，让客户对你和你所销售的产品心服口服，这就需要专业销售人员不仅对自己产品的优越性、客户的心态等了如指掌，更要有外交家一般的幽默好口才。

为了拥有外交家般的幽默好口才，很多优秀的销售人员都会给出这样几个方面的建议：

1.广闻博识

只有懂得多了，脑子里才有内容，才不至于词穷。一个优秀的销售人员不但要对自己的产品了如指掌，在向客户介绍产品时口若悬河，还要了解各方面的知识，这样才能在谈判陷入僵局时有其他话题，以缓和紧张的局面。

2.自觉训练

只做到广闻博识还达不到拥有一个幽默好口才的目的，有些学富五车的人虽然懂得不少，却整个一个茶壶里煮饺子——肚里有货倒不出。一个杰出的销售人员还要经常有意识地多说话，说好听的话，说让人开心的话，说让人心悦诚服的话。只有经常训练，才会在面对客户时，临场发挥得好。

自觉训练时，可以每天看一些漫画书，听一些相声、小品，挖掘其中幽默的表达力与表现力。

3.以理服人

懂得多了，会说了，便要做到以理服人，而不是强词夺理。否则，人家虽然说不过你，也只会口服心不服，达不到营销的目的。要做到以理服人，首先要求你自己要明理，要在说服别人前做好充分的准备，搜集与此话题有关的各种幽默材料。

4.以情感人

对客户说话时，在自己的动作表情中要竭力避免焦躁、着急的不良形象，要显得谦逊、积极、乐观，宜用幽默协商的语气，要充满轻松的情感，让客户感到你不仅仅是向他卖产品，更是为了让他的生活更丰富、更幸福，你可以向客户问些有关他生活的方方面面，问他对产品还有什么意见。一个成功的销售人员还会以对自己产品的骄傲结合幽默的语言来感染客户对产品产生喜爱之情，进而产生购买欲。

从销售人员对幽默口才的重视态度就可以知道幽默口才的好坏决定着销售业绩，幽默口才是推销的敲门砖、垫脚石。

旁敲侧击，说服可以不走直线

林肯曾经说过：“我虽然向别人讲过很多故事，但是我的经验告诉我，一般人更容易受到以幽默为介质的表达的影响。”那么，当说服与幽默被捆绑在一起的时候，说服便不自觉地被加入了强大的影响力。旁敲侧击的说服术便是幽默在说服中的巧妙运用。

在日常生活以及工作中，每个人的心理都很难把握。我们需要做的是通过缜密、周全的问题推测出对方的真正心思。通过交谈，感受对方的心理，通过旁敲侧击，来巧妙地实现对他人的说服。

据传，齐景公喜欢捉鸟玩，便派烛邹专门管理鸟，可是烛邹不慎让鸟飞走了。景公大为恼火，下令杀死他。晏子说：“烛邹有三条罪状，让我数落他一番。然后再杀，让他死个明白。”

齐景公高兴地说：“好。”于是把烛邹叫进来。晏子便一本正经地说：“烛邹！你知罪吗？你为大王管鸟却让它逃走了，这是第一条罪状；使大王为了鸟而杀人，这是第二条罪状；这事传出，让天下人认为我国重鸟而轻士人，败坏我们大王的名誉，这是第三条罪状。你真是罪该万死！”

说完，马上请求景公下令斩杀。可是景公却说：“不要杀他了，我接受你的指教了。”

虽说忠言逆耳利于行，但是有时也可以学习晏子的方法，旁敲侧击的方式更容易被接受。晏子的手法很高明。他假意批评烛邹的失职，实则在批评齐景公重鸟而轻士人。

说服是一种对口才的锻炼与考验，说服别人的迂回之术就是将表达的意思绕个圈子说出来。旁敲侧击是一种圆融的幽默说服术。

旁敲侧击说服法能够减轻被说服者内心的负担，避免了因直接受批评而颜面尽失的可能。所以，故事中，齐景公才会听从晏子的劝说。有时候，明明看出了某人的错误，并不直说，而是拐弯抹角地旁敲侧击，这种方法更能让对方接受。他会明白，你是在给他留面子，而不是故意让他难堪。

总之，迂回的表达更具说服力。成功地说服不一定非要走直线。幽默的表达方式作为说服曲线上的拐点，一次次将说服推入了令他人无可辩驳的高点。正如法国著名的演讲家海因·雷曼麦说的，用幽默的方式说出很严肃的道理，比直截了当地提出更能够被人接受。

幽默引导，让对方说“是”

说服他人无疑就是要让他人给予自己一个肯定的答复——“是”。说服别人最终就是让他人与自己的观念融合在一起。然而无论是在商场、情场，还是在战场，说服他人又何尝是一件易事。说服他人需要口才，需要幽默智慧一步步地进行“诱导”。

有个日本小和尚聪明绝顶，他的名字可以说是家喻户晓。他最擅长的说服方式就是用智慧诱导对方说“是”，这位小和尚的名字叫一休。

有一次，足利义满将军把自己最喜爱的一只龙目茶碗暂时寄放在安国寺，没想到被一休不小心打碎了。就在这时，足利义满派人来取龙目茶碗。

大家不知所措，茶碗已被一休打碎，拿什么去还呢？

一休道：“不必担心，我去见大将军，让我来应对他吧！”

一休对将军说：“有生命的东西到最后一定会死，对不对？”

足利义满回答：“是。”

一休又说道：“世界上一切有形的东西，最后都会破碎消失，是不是？”

足利义满回答：“是。”

一休接着说：“这种破碎消失，谁也无法阻止是不是？”

足利义满还是回答“是”。

一休和尚听了足利义满的回答，露出一副很无辜的神情接着说：“义满大人，您最心爱的龙目茶碗破碎了，我们无法阻止，请您原谅。”

足利义满已经连着回答了几个“是”字，所以他也知道此事不宜再严加追究了，一休和尚通过自己聪明的头脑和机敏的幽默，帮助自己和安国寺安然地渡过了这一难关。

以谬制谬，顺言逆意的说辩

以谬制谬，是幽默说服的有力武器，用对方的逻辑击败对方的道理，让对方无法辩驳。

在说辩中抓住对方命题中的荒谬点，加以推衍，或由此及彼，或由小到大，或由隐到显，最后得出荒谬可笑的结论，从而证明对方的论点是错误的。这种顺言逆意的说辩谋略属于引申归谬。虽带有某种讽刺意味，但多属善意。

以谬制谬就是对问题换一种思路进行考虑，看似荒谬的回答也有其逻辑可循。

运用归谬方式使说服对象认识原来观点的错误，还可采用这样一种方式，即先提出一些问题让对方谈自己的见解，即便对方说错了，也不要急于直接指出，而要不断地提出补充的问题，幽默地诱导对方由错误的前提推到荒谬的结论上，使之不得不承认错误，然后再设法引导他随着你的正确的思维逻辑，一步一步通向你所主张的观点，达到劝导说服的目的。

鲁迅的语言和文章尖锐犀利，最经典的便是笑斥“男女大防”。

有一次，一个地方官僚禁止男女同学、男女同泳，闹得满城风雨。鲁迅幽默地说：“同学同泳，皮肉偶尔相碰，有碍男女大防。不过禁止以后，男女还是一同生活在天地中间，一同呼吸着天地间的空气。空气从这个男人的鼻孔呼出来，被那个女人的鼻孔吸进去，又从那个女人的鼻孔呼出来，被另一个男人的鼻孔吸进去，淆乱乾坤，实在比皮肉相碰还要坏。要彻底划清界限，不如再下一道命令，规定男女老幼，诸色人等一律戴上防毒面具，既禁空气流通，又防抛头露面。这样，每个人都是……喏！喏！”鲁迅先生一面站起来，一面模拟戴着防毒面具走路的样子，逗得大家笑得前俯后仰，事后又引起大家深深的思索。

显然，“禁止男女同学、男女同泳”的理论是荒谬的，鲁迅先生没有对此荒谬直接提出自己的意见，反而通过“男女共同呼吸”的现实来反驳了这一禁令的可笑之处。

这固然是由于他采取了讽刺和幽默的形式，更重要的，还因为他揭示了矛盾，把大家的思想引导到一定的深度。

鲁迅担任厦门大学教授时，校长常常克扣教学经费。这钱不能花，那钱没有预算，再一笔钱又可以不花。校长老是这样刁难师生，弄得大家意见很大。

这天，校长又决定把研究经费削减一半。他把各研究院的负责人和教授们召集起来。一说出削减方案，马上遭到教授们的反对。大家说：“研究经费本来就少得可怜，好多科研项目不能上马，正进行的一些研究工作也日子难熬，不能往纵深发展。再说，许多研究成果、论著因没钱不能印刷，再削减经费怎么得了，不行，不行！”校长根本不认真倾听教授们的意见，他强词夺理，说：“对于经费问题，你们没有发言权。学校是有钱人掏钱办的，只有有钱人才可以发言，在这个问题上应充分尊重有钱人的意见。”

校长话音刚落，鲁迅霍地起身，从长衫里摸出两个银币：“啪”的一声放在桌上，说：“我有钱！我有发言权！”接着，他力陈经费只能增不能减的道理。论据充分，思路严密，无懈可击，驳得校长哑口无言，只得收回主张。

鲁迅在这里幽默地将校长所说的“钱”（即财富，广义的钱）偷换成一分二分零花钱的狭义的“钱”，从而以两个银币的“钱”为引子提出了自己的理由，使校长无话可说。

巧以对方的谬论“有钱人才有发言权”为根据，将自己的“小钱”掏出来拿到发言权，既诙谐，又讽刺，还能把意见表达出来，鲁迅不愧为一代大文豪。

以谬制谬的幽默实际上是攻守易位，是将对方的观点为己方所用，再用对方观点“攻击”对方，即攻和守的角色转换。如果在以谬制谬的说服中，又巧妙加入了幽默的调料，那就令说服更加无懈可击了。

巧抓心理，趣味销售要独特

有一个销售安全玻璃的推销员，他的业绩一直都是北美区域的第一名。在一次顶尖推销员的颁奖大会上，主持人说：“你有什么独特的方法让你的业绩维持顶尖呢？”他说："每当我去拜访一个客户的时候，我的皮箱里面总是放了许多截成15厘米见方的安全玻璃，我随身也带着一把铁锤子，每当我到客户那里我会问他：'你相不相信安全玻璃？'当客户说不相信的时候，我就把玻璃放在他们面前，拿锤子往桌上一敲，而每当这时候，许多客户都会因此而吓一跳，同时他们会发现玻璃真的没有碎裂。然后客户就会说：'天哪，真不敢相信。'这时候我就问他们：'你想买多少？'"

当他讲完这个故事不久，几乎所有销售安全玻璃的公司的推销员出去拜访客户的时候，都会随身携带安全玻璃样品以及一把小锤子。

但经过一段时间，他们发现这个推销员的业绩仍然保持第一名，他们觉得很奇怪。

而在另一个颁奖大会上，主持人又问他："我们现在也已经做了同你一样的事情了，那么为什么你的业绩仍然能保持第一呢？"他笑一笑说："我的秘诀很简单，我早就知道当我上次说完这个点子之后，你们会很快地模仿，所以自那以后我到客户那里，唯一所做的事情是把玻璃放在他们的桌上，问他们：'你相信安全玻璃吗？'当他们说不相信的时候，我把玻璃放到他们的面前，把锤子交给他们，让他们自己来砸这块玻璃。"

从头到尾这个金牌推销员都在思考该以怎样独特的方式去吸引顾客的注意，这就是他为什么一直保持领先地位的原因。他懂得以幽默的方式、独特的做法来表明自己产品的与众不同。

幽默在销售中至关重要。幽默地说服顾客需要用独特的方式抓住顾客们的好奇心理，来吸引顾客注意。很多推销员都会精心准备他们在销售过程中的语言。

一位柜台前的推销员在卖皮鞋，他对从自己柜台前漫不经心走过的顾客说了一句："先生，请当心摔跤！"顾客不由得停了下来，看看自己的脚面，这时推销员乘机凑上前去，对客户幽默一笑："你的鞋子旧了，换一双吧！""这双鞋子式样过时了，穿着挺别扭的，我这儿有更合适的皮鞋，请试试看。"不用多说，在此情况下对方的注意力已经一下子集中到销售人员要讲的话题上了。

抓住客户注意力的一个简单办法是去掉空泛的言辞和一些多余的寒暄。为了防止客户走神或考虑其他问题，可在推销的开场白上多动些脑筋，如果开始几句话表述得生动有力，句子简练，语言幽默，那么引起他人注意的概率将大大提高。讲话时目视对方双眼，面带微笑，表现出自信而谦逊、热情而幽默的态度，切不可拖泥带水、支支吾吾。一些推销高手认为，一开场就使客户了解自己的利益所在是吸引对方注意的一个有效思路。

另外，从顾客的利益角度出发，引起对方注意的可能性较大，因为你所说的是他当下最关心的事。即兴的灵感总是少有的，因此在推销之前，做好应有的各项准备，包括你的思维、你的幽默风趣，这样才能百战不殆。

恰当幽默，成功推销的宝典

日本推销大师齐藤竹之助说："什么都可以少，唯独幽默不能少。"这也是齐藤竹之助对推销员的特别建议。许多人觉得幽默好像没有什么大作用，其实是他们不懂得幽默。让我们先看看幽默有哪些好处。

不失时机、意味深长的幽默是一种使人身心放松的好方法，有时候还能缓和紧张气氛、打破沉默和僵局。如果你在推销的时候表现出色，那么客户也是很愿意从你那儿购物的。

乔·吉拉德说："我听到过很多人说他们购车时常常感到发怵，但是我的客户不会这样说。"

成功的推销员大多都是幽默的高手，因为他们知道幽默会缓解紧张情绪。幽默有助于摆正事情的位置。幽默还是消除矛盾强有力的手段。在尴尬的时候"幽上一默"，不仅缓解气氛，还能让人感到你的魅力，起润滑作用的幽默是建立良好的人际关系的一种极佳手段。

一个缺乏幽默感的人是比较乏味的。在你的推销中融进一些轻松幽默不失为一种恰当的策略，同时它也能使你的工作变得十分有趣。否则，你的客户就会保持警惕，不肯放松。

一个推销员对着一大群客户推销一种钢化玻璃酒杯，在他进行完商品说明之后，向客户做商品示范——把一只钢化玻璃杯扔在地上而它不会破碎。可是他碰巧拿了一只质量不过关的杯子，猛地一扔，酒杯碎了。

这样的事情以前从未发生过，他感到很吃惊。而客户们也很吃惊，因为他们原本已相信推销员的话，事实却让他们失望了。场面变得非常尴尬。

但是，在这紧要关头，推销员并没有流露出惊慌的情绪，反而对客户们笑了笑，然后幽默地说："你们看，像这样的杯子，我就不会卖给你们。"大家禁不住笑起来，气氛一下子变得轻松了。紧接着，这个推销员又接连扔了5只杯子，都没有碎，终于博得了客户们的信任，很快推售出了很多杯子。

在那个尴尬的时刻，如果推销员也不知所措，没了主意，让这种沉默继续下去，不到3秒钟，就会有客户拂袖而去，交易会失败。但是这位推销员却灵机一动，用一句话化解了尴尬的局面，从而使推销继续进行，并取得了成功。

当你向一位上了年纪的客户推销的时候，千万别开关节炎之类的玩笑。一旦你冒犯了他，你就永远失去了他的信任，一定要谨慎。当你推销矫正或修复仪器时，不要触及客户的痛处；当你推销人寿保险的时候，也要注意别开那种病态的玩笑。幽默要运用得巧妙，有分寸、有品位。在你打算轻松幽默一番之前，最好先敏感一点儿，分析一下你的产品和你的客户，一定要确信不会激怒对方，因为这种幽默对有些人来说根本不起作用，说不定还会适得其反。譬如，当你和一个严肃的人打交道的时候，你明知道他一本正经，喜欢直截了当，你却偏要故作幽默。

一个真正幽默的推销员，不会将幽默当作是一种负担与挑战，而是将幽默作为一种生活与工作的态度。当幽默成为一种习惯，在与人交往中发生矛盾时，幽默的反问能在某些情形下产生神奇的效果。

生活与工作中处处有幽默存在，发现幽默，做一个幽默的人，你的生活处处都会有阳光，你的工作也将不断迎来胜利。

第7章

赞美幽默——情感投资有笑道

理解赞美，做到真正幽默

如果说赞美是春日的天空，那么适当的幽默则是空中飘飞的纸鸢，更添生机；如果说赞美是一泓清净的泉水，那么适当的幽默则是水中嬉戏的游鱼，更添灵动；如果说赞美是一片茂密的森林，那么适当的幽默则是一只美丽的蝴蝶，更添活力。

学习了什么是幽默的赞美、如何彰显出赞美的实质效用，才能够将幽默灵活并恰到好处地融入赞美的队伍当中。

那么，什么是幽默的赞美？爱因斯坦与卓别林的赞美则值得我们大家来领会幽默为“赞”带来的“美”。

爱因斯坦一直就很欣赏幽默大师查理·卓别林的表演以及喜剧作品。为了表示自己的喜爱与赞美，爱因斯坦在给卓别林的信中这样写道：“你表演的电影《摩登时代》，一定会让你成为一个伟人的，因为你的表演让世界上的每一个人都能看懂。”

卓别林回信道：“你才是更加令人敬佩的人，因为当世界上还没有人能读懂你的相对论的时候，你已经成为一个伟人了。”

爱因斯坦虽是个科学家，却也是个懂得幽默、有生活情趣的人，他通过人们对《摩登时代》的感受来委婉地称赞了卓别林幽默表演的成功，也暗含了自己对卓别林由衷的钦佩之情。

查理·卓别林不愧是位幽默大师，面对爱因斯坦的称赞他心领神会，面对爱因斯坦的幽默更是投之以桃，报之以李，同样从人们的角度幽默夸赞了爱因斯坦在相对论上的伟大建树。

这就是幽默的赞美，幽默的赞美就像是春风吹过了一串铜铃，留给人们的是悦耳动听与清新。

宋代苏轼喜欢参禅。有一次在金山寺和佛印禅师一起打坐，苏轼觉得身心舒畅，于是问道："禅师，你看我的坐姿怎么样？"

禅师答道："很好，像一尊庄严的佛。"苏轼听了很高兴。

佛印禅师接着问苏轼："学士，你看我的坐姿怎么样？"

苏轼从来不放过嘲弄禅师的机会，马上回答说："像一堆牛粪！"佛印禅师听了也很高兴。

苏轼见将禅师比喻为牛粪，禅师竟无以为答，心中以为赢了佛印禅师，于是赶紧回到家中，兴高采烈地对妹妹苏小妹说："哈，我今天终于赢了禅师。"

苏小妹问道："你怎么赢的？"

苏轼得意地叙述起刚才的事情。

苏小妹天资聪颖，听了苏轼的话之后，正色说："哥哥，你输了。佛家说，佛心自现，你看别人是什么，就表示你自己是什么。禅师的心中像佛，所以他看你像佛；你心中像牛粪，所以你看禅师才像牛粪。"

苏轼哑然，这才知道自己禅功不及佛印禅师。

因此，心中如果有一片温暖的阳光，就会看到别人的闪亮点，会不由自主地去真诚赞美他人；如果只能看到别人的灰暗处，极尽能事地去侮辱他人，只能说明你的心中藏有一颗黑子。

一味地贬损他人，其实是暴露了你内心的阴暗，同时也是在贬损你自己。真正的幽默赞美之道正在于此。

幽默赞美，使人愉快接近

幽默是最具智慧的艺术之一，千百年来，一直颇受人们的青睐。人们之所以青睐幽默艺术，是因为人们喜爱笑，传统意义上的笑，就意味着快乐和高兴。那么在人际交往中，如何使用语言，利用幽默法来获得良好的沟通呢？

1.用富于情趣的语言

当你将一种语体改变为另一种完全不同的语体风格来表达，会让人忍俊不禁。用这样一种方式来赞美别人，会使对方在轻松愉悦之中欣然接受。

有一个男孩就是用这种新颖的赞美方式，找到了自己的“白雪公主”，并且娶其为妻。妻子幸福地诉说他们的浪漫爱情：“当我在一所大学里做兼职的银行出纳员时，一个漂亮的小伙子几乎每天都要到我的窗口来。他不是存款就是取钱。直到他把一张纸条连同银行存折一起交给我时，我才明白他是为了我才这样做的。

“‘亲爱的吉：我一直在储蓄这个想法，期望能得到利息。如果周五有空，你能把自己存在电影院里我旁边的那个座位上吗？我把你可能已另有约会的猜测记在账上了。如果真是这样，我将取出我的要求，把它安排在星期六。不论贴现率如何，陪伴你始终是十分愉快的。我想你不会认为这要求太过分吧。稍后来同你核对。真诚的杰。’我无法抵制这诱人、新颖的求爱方式。”

小伙子没有俗套地说“你好漂亮”，而是颇为高明地说：“不论贴现率如何，陪伴你始终是十分愉快的。”他将对方的行业词汇运用于谈情说爱，绝妙生动地表达了他的诚意和爱恋。在交往中巧妙地运用这种富有情趣的幽默语言接近对方，会使你的沟通取得意想不到的效果。

2.用善意的仿拟语言

在人际交往中，恰当地运用仿拟语言可以更好地帮助你沟通与交际对象的情感，可以把原本很生硬、很单调的赞美化为生动活泼、诙谐幽默的话语。

在朋友聚会中，每个人都要自我介绍。一次，有个叫“秦国生”的高个男孩也介绍了一下自己……他介绍完，是另一个女孩的自我介绍。女孩说：“本人姓苗，名晓，自觉渺小，只好拜托诸位多加关照，特别是秦国生老兄，他堪称元老级人物，因为他的年纪是最大的。刚才仔细一算，他已经两千多岁了。他是秦始皇并吞六国时出生的呀！”

她将秦国生仿拟成了“秦始皇并吞六国时出生”，也就是将现成的字词及语句格式创造成新的字词及语句格式，出人意料地把毫不相干的事扯在一起，内容风马牛不相及，这就具有了幽默性，从而使双方的沟通变得轻松、愉快。

3.用尊敬的类比语言

用类比幽默赞美他人，是把两种或两种以上互不相干的，彼此之间没有历史的或约定俗成联系的事物放在一起对照比较，虽然看起来不伦不类，却含有赞美之意。

据说，拿破仑在歌剧院里看歌剧，见另一个包厢里坐着著名的作曲家罗西尼，就叫侍从请他过来。罗西尼赶紧来到拿破仑的包厢，跪下请罪道：“皇帝陛下，我没有穿晚礼服来见您，请恕我大不敬。”拿破仑语出惊人：“我的朋友，在皇帝与皇帝之间是不存在礼仪的！”

拿破仑将罗西尼也称为“皇帝”，并说“在皇帝与皇帝之间是不存在礼仪的”。这句幽默之语，是对罗西尼极高的赞赏，以至于他有了“音乐皇帝”的尊称。

这种类比幽默，双方差异性越大，不协调性越强，越容易造成耐人寻味的幽默意境。

面对女人，男人这样赞美

人人都渴望被别人赞美，但男人和女人的需要是不同的，因此面对男人与女人不同的心理需求，在给他们奉上幽默的赞美时，不要忘记“区别对待”。

从心理学上讲，男人要面子好虚荣，多表现在追逐功名、显示能力、展示个性以显潇洒和能人之形象方面，而女人则表现在对容貌、衣着的追求或身边伴个白马王子以示魅力。男人要面子好虚荣，他们对此毫不遮掩，有时甚至坦率得令人吃惊，而女子则总是遮遮掩掩、羞羞答答。女性对于面子、虚荣还有几分保留，而男子则是全力以赴去追求面子，好似他的人生目的就是追求面子一般。男人为了面子可以大动干戈，有权力的甚至可以轻则杀一儆百，重则发动战争，女人为了面子则会大喊大叫。男人的面子千万不要去伤害，否则便万事皆休一切都了——友谊中断、恋爱告吹、生意不成、职场不顺。针对以上特点，在奉上幽默赞美时要区分对象。特别是男人在赞美女人时需要掌握一定的技巧。

首先，作为男人要会赞美女人，能够做到张口也赞闭口也赞。这样，你才能在女人面前受欢迎，使你魅力无穷。

一次，小蒙去银行取钱，人很多，年轻漂亮的女职员忙个不停，有点儿不耐烦，看起来她心情不是很好。小蒙很想跟她交谈，怎么开口呢？观察了一会儿，小蒙发现了女职员的优点。轮到他填取款单时，他边看她写字边称赞说："你的字写得真是漂亮，真是人见人爱、花见花开啊。"

女职员吃惊地抬起头，听到顾客幽默的称赞，她心情一下子好了很多，但又不好意思地说："哪里哪里，还差得远呢。"

小蒙认真地说："真的很好，看上去你像练过书法，我说得对吗？"

"是的。"

“我的字写得一塌糊涂，能把你用过的字帖借给我练练字吗？相信你的字帖上的灵气会让我大有长进的。”

女职员爽快地答应了，并约好了下午小蒙再来取。一来二往，两人有了感情，并最终结成了良缘。

小蒙是个聪明的男人，欲夸其人先赞其字，一句“人见人爱，花见花开”就已经让女职员心里美了。

男人赞美女人是对女人价值的肯定，更是对女人魅力的一种欣赏。在男人眼里，女人身上总有美丽动人之处，或者是皮肤细腻，或者是身材苗条，或者是眉目含情，或者是穿着得体。所以作为男人要善于去发现、去捕捉她的美。许多女人都会对自己的缺憾有所了解，但她们也十分了解自己的动人之处，只要你能慧眼独具，赞美得体，你一定会博得她的赏识与青睐。

尤其是现代的女性更加注重个性，夸赞一个女人有个性是很合适的。比如，执着、不拘小节、泼辣等性格也可以用有个性来赞美。只要是稍稍区别于大众的性格，你用“有个性”三字来赞美她，她就会觉得你这个人很有品位。

除此之外，生活中女人们的能力也值得一赞。日常家务，如烧饭做菜、收拾房间、照顾孩子等，这些虽是一些细小的事情，但却能表现出女人的动手能力、审美能力、教育能力。只要你在日常生活中不忘记对女性幽默地赞美一下，你定会得到她们的好评。

幽默赞美是女人生命中的阳光。男人也一样，他们一样喜欢听到他人对自己的肯定和赞美，因为这会让他们有一种价值感，并由此充满自信。

诱导赞美，解怨气的良药

很久以前，有一个宰相请一个理发师修面。理发师给这个宰相修到一半时，也许是过分紧张，不小心把他的眉毛刮掉了。哎呀，不得了了，他暗暗叫苦。他深知宰相如果怪罪下来，那可有杀头之罪呀！他情急智生，连忙停下剃刀，故意两眼直愣愣地看着宰相的肚皮，仿佛要把五脏六腑看个透。宰相见他这副模样，有点丈二和尚摸不着头脑，于是迷惑地问道：

“你不修面，却光看我的肚皮，这是为什么呢？”

理发师解释说：“人们常说，宰相肚里能撑船，我看大人的肚皮并不大，怎能撑船呢？”

这个宰相一听理发师这么说，哈哈大笑：“那是说宰相的气量最大，对一些小事情，都能容忍，从不计较的。”

理发师听到这话，“扑通”一声跪在地上，声泪俱下地说：“小的该死，方才修面时不小心，将您的眉毛刮掉了，相爷气量大，请千万恕罪。”

宰相一听啼笑皆非：眉毛给刮掉了叫我今后怎么见人呢？不禁勃然大怒。正要发作，又冷静一想：自己刚讲过宰相气量最大，怎能为这件小事给他治罪呢？

于是，宰相便豁达温和地说：“无妨，且去把笔拿过来，再把眉毛画上就是了。”

这是一位聪明的理发师，他巧用幽默的赞美让自己逃过了一劫。如果理发师没有故弄玄虚看着宰相的肚皮，如果没有他借机赞美宰相肚里能撑船，又怎会让怒气横生的宰相突然转变发怒的态度呢？

聪明的理发师，运用了诱导式的幽默说话术，正所谓盛赞之下无怒气，赞美是消解别人怨气的最佳良药。

一位贵族夫人傲慢地对法国作家莫泊桑说：“你的小说没什么了不起，不过说真的，你的胡子倒十分好看，你为什么要留这么个大胡子呢？”

莫泊桑幽默地回答道：“至少它能给那些对于文学一窍不通的人一个赞美我的机会。”

贵族夫人听到这话，一脸的傲慢与偏见顿时消失得无影无踪，莫泊桑的幽默让她不禁咯咯笑了起来，同时让她对莫泊桑这个人有了心理上的认同感。尽管贵族夫人的傲慢看起来很是无礼，但是幽默的力量在于对待怨恨的一视同仁，因此无礼在幽默面前显得卑微。

适度称赞，沟通的催化剂

用适度的幽默赞美语言与人沟通，可以尽快促成他人与自己关系的升温。适度的幽默赞美是成功沟通的催化剂，只要细心观察，你可以把对方的外表、穿着、服饰、品位、谈吐、内在修为、学识、工作态度、精神、毅力等作为重点。还可以就当时所处的环境，包括办公室摆设，有纪念性的物品，对方的收藏、喜好等，都可以就对方的选择，找出特色，予以幽默赞美。

幽默赞美需要发自内心，而表达于口中及眼眸，我们随时可以找出特色赞美一个人，然而，若非发自内心，你眼中呈现出的“不真”，马上会被识破；如果你不是真正认同，宁可不说半句，只点头微笑，反而更为得体。幽默赞美是忌讳“过犹不及”的，在沟通交谈中，如果每次见到一个人，老盯着同一件事猛献殷勤，也会叫人受不了。

于明明手下曾有一位女性员工，外向得不得了，而且嘴巴很甜，而于明明爱漂亮，又会搭配衣服，稍一动手，就能“变”出很多套衣服。

而那位甜姐儿，却是于明明的苦恼之一，因为，每天早上她一到公司，对方的眼睛就盯着她转：“经理，又买了一套新衣服对不对？颜色好漂亮喔，穿在您身上就是不一样。”

隔天一见面，又来了：“看看看，又一套了，很贵？还有项链、耳环，也是新的吧？我就缺这个本事，不会搭，像您……”

有时，她会对着客户“恭维”她的经理，说辞几乎都是：“在我们经理英明的带领之下，我才有今天的成绩，好多人都问我跟我们经理多久了，其实也没多久啦，但是她大人大度，肯教我嘛，对不对？”

于明明被她的过分“恭维”及不真诚的眼神弄烦了，只好告诉她：“不是你没看过的衣服就是新衣服，我的衣服有的已经买了五六年了，只是保养得好，配来配去就不一样啦，你一嚷嚷，人家以为我多浪费，怎么天天买新衣，以后请别再说我的衣服啦。”而当她得知这位甜姐儿在她面前说得甜如蜜，背后却对客户中伤她时，她一点儿也不惊奇，因为她早从她的“过度恭维”中观出“玄机”了。

赞美可以让人心情愉悦，让人充满自信与乐观。适度的幽默赞美就像香水一样，让人容易接受并乐享其中。

出乎意料，让人喜出望外

赞美既然是幽默的，那么赞美的话语就应该是出乎意料的，出乎意料不仅仅是辩论幽默、处世幽默等交流场合的必杀技，也是幽默赞美的特质之一。

一些人在公共场合赞美别人的时候，自己不知道怎样赞美，只能跟着别人重复，附和别人的赞美。常言道：别人嚼过的肉不香。

朱温手下有一批鹦鹉学舌拍马屁的人。一次，朱温与众宾客在大柳树下小憩，独自说了句：“柳树好大。”宾客为了讨好他，纷纷互相赞叹：“柳树好大。”

朱温听了觉得好笑，又道：“柳树好大，可做车头。”

实际上柳木是不能做车头的，但还是有五六个人互相附和："可做车头。"

朱温对这些鹦鹉学舌的人烦透了，厉声说："柳树岂可做车头？"于是把说"可做车头"的人抓起来杀了。

在整日聚首的人际关系中，一家人之间或一个科室的同事之间，有些赞美很可能会多次重复，已经形成某种习惯，这就没什么意义和作用了。如果某个处长每次开会总结工作的时候，都像例行公事一样对大家赞扬几句，其内容和说法总是笼统的那么几句话，就像是同一张唱片或同一盘录音带只是在不同的时间播放一样，让人感觉乏味。

为赞美加一点儿新意，鼓励作用会更大。

汤姆是一家公司的销售部经理，他采用新的营销战术，于是在他加入公司两个月后，公司的销售量大增，仓库中积压的产品一售而空。老板非常高兴，拍着汤姆的肩膀说："你干得非常出色，继续努力。"

"好，"汤姆机智地说，"但你为什么不把你说赞美的话放在我装薪水的口袋里呢？"

"一定会的，年轻人。"

老板非常遵守诺言。当下个月汤姆领到薪水袋时，发现里面附着一张小纸条。上面写着："你干得非常出色，继续努力，表现更好。"

正如有人所说："一点儿新意，一片天空"，这样的幽默赞美之术会更趋完美。

赞扬要有新意，当然要独具慧眼，善于发现一般人很少发现的“闪光点”和“兴趣点”，即使你一时还没有发现更新的东西，也可以在表达的角度上有所变化和创新。对一位公司经理，你最好不要称赞他如何经营有方，因为这种话他听得多了，已经成了毫无新意的客套了，倘若你称赞他目光炯炯有神、潇洒大方，他反而会被感动。

幽默赞美是所有表达中最甜蜜的一种，它应该给人一种美的感受。

新颖的语言，趣味的表达，是有魅力和吸引力的。即使简单的赞扬也可能是振奋人心的，但是一种本来是不错的赞扬如果多次单调重复，也会显得平淡无味，甚至令人厌烦。一个女人曾说过，她对别人反复告诉她，说她长得很漂亮，已经感到很厌烦，但是当有人告诉她，像她这样气质不凡的女人应该去演电影，她笑了。

新颖的赞语，给人清爽、舒心之感。

幽默赞美的新意很重要，但更需要我们综合各方面的因素来翻出恰当的“新”意，否则便会弄巧成拙、适得其反。马克·吐温曾经说过：“一句幽默的赞美能当我十天的口粮。”我们每天都让新鲜的赞美流入他人的生活中，那么彼此的生活就会更加快乐。

第8章

拒绝的幽默——诙谐中保全你我情面

巧言妙语，智慧的拒绝

自尊之心，是每一个人都具有的。因此在拒绝别人时，要顾及对方的尊严。

如果能在拒绝他人的过程中将对方逗笑，那对方的难堪一定能减到最低程度，甚至让人在笑声中忘掉被拒绝带来的不快。因此，拒绝他人，不妨采取幽默拒绝的技巧，这样，就可以把拒绝带来的遗憾最小化，既不伤害对方的自尊与感情，又得到了对方的谅解和支持。

雨果成名后，一张张请帖雪片似的飞来，怎么办？直接拒绝显得没有礼貌，于是他想出了个好办法：拿起剪刀，咔嚓咔嚓，把自己的半边头发和胡子剪掉。当有人敲门进来说“请您参加……”时，雨果笑嘻嘻地指着自己的头发和胡子说：“哟，我的头发真不雅观，真遗憾！”邀请者只好悻悻而走，却又因此情此境而大大消除了被谢绝引起的不悦。当雨果的头发长齐后，又一部巨著问世了。

即使是同样性质的谢绝，大家也没必要千篇一律地去学雨果剃“阴阳头”的做法。然而，故事给我们的启迪在于：任何拒绝，一般都不会令人愉快。为此，我们就要想方设法使用幽默诙谐的手法，将对方这种不悦心情降低到最小。

有一次，林肯受邀出席某个报纸编辑大会，林肯觉得自己不是编辑，却出席这次会议，很不合适。所以，想拒绝出席。他是怎样做的呢？

他给邀请他的人讲了一个小故事："有一次，我在森林中遇到了一个骑马的妇女，我停下来让路，可是她也停了下来，目不转睛地盯着我的脸看了很长时间。她说：'我现在才相信你是我见到过的最丑的人。'我说：'你大概讲对了，但是我又有什么办法呢？'她说：'当然你生就这副丑相是没有办法改变的，但你还是可以待在家里不要出来嘛。'"邀请他的人为林肯的幽默哑然失笑了。

林肯借妇女之口，把自己奚落了一番。当然，故事中的妇女很可能不存在，只是林肯的编造之词。然而"她"却很好地表达了林肯不想参加报纸编辑大会的意思，让人在开怀一笑中忘却了被拒绝的尴尬。

某市要举办一次歌手比赛，一个社会声誉不太好又根本不懂艺术的民营企业家找到大会主持人说："我赞助1万元，你安排我当个评委怎样？"

大会主持人拍一拍对方的肩膀说："老兄，你钱多得没处花了吗？这1万元扔在这个会上，不如扔到河里，还能看到个水漂儿。"

这是在对方提出要求后，机智地以诙谐幽默、玩笑打诨的话语作为遮掩，避开对实质性问题的回答，巧妙地拒绝了对方提出的要求。

在拒绝别人时，采用幽默的方式往往能使对方对己方的委婉回绝心领神会，从而避免了尴尬。

诙谐言语，婉言拒绝

凡有大成就者，向来都是舌吐方圆的专家。他们不仅仅专长于自己的一份事业，在待人接物上也有着独到的迂回之术，他们能够在让人发笑的过程中不知不觉加入自己的观点。

有些事直接发表自己的见解不太合适，容易让人误解或不愉快，婉言曲说是很好的方法，而且这种婉言曲说不同于修辞格里的委婉修辞方法，它是形成幽默的一种语言艺术。

婉言拒绝的幽默方法主要有下面几种：

1.一语双关的委婉拒绝法

一语双关是幽默技法中很常用的一种说话方式，无论是在化解尴尬、缓和气氛，还是在对他人的拒绝中，都能够起到扭转乾坤的作用。其中，一语双关的说话方法，可以让拒绝变得钝感且有力。

王麻子是个极爱占小便宜的人，常常在别人家白吃白喝，吃完了上顿等下顿，住完两天住三天。一次，他在一朋友家里吃了三天后，问主人道：“今天弄什么好吃的呀？”

主人想了想，说：“今天我们弄麻雀肉吃吧！”

“哪来那么多麻雀肉呢？”

主人说：“先撒些稻谷在晒场上，趁麻雀来吃时，就用牛拉上石磨一碾，不就得了吗？”

这个爱占便宜的人连连摇手说："这个办法不行，还不等石磨过来，麻雀早就飞跑了。"

主人一语双关地说："麻雀是占惯了便宜的，只要有了好吃的，怎么碾（撵）也碾（撵）不走。"

聪明的主人在这里通过委婉的一语双关法，巧妙地借助麻雀贪吃的习性讽刺了王麻子的品行。虽表面上在说麻雀，实质上是在委婉地向王麻子下逐客令。

2.婉言曲说的幽默法

现在我们谈论的"婉言曲说"的幽默法，可以说是"婉曲"的变格，是说话人故意把所要表达的意思绕个圈子曲折地说出来，利用婉言来获得幽默的效果。

克诺先生来到一个陌生的城市，走进一家小旅馆，他想在那儿过夜。

"一个单间带供应早餐要多少钱？"他问旅馆老板。

"不同房间有不同的价格，二楼房间15马克一天，三楼房间12马克一天，四楼10马克，五楼只要7马克。"

克诺先生考虑了几分钟，然后提起箱子就走。

"您觉得价格太高了吗？"老板问。

"不"，克诺回答，"是您的房子还不够高。"

从克诺先生的表达中明显看得出克诺对房间的价格并不满意，一句"还不够高"既指出了房子按照高度定价的荒谬，又表示了自己不会接受的看法，幽默却含义深刻。

一般说来，幽默应避免敌意和冲突。否则，幽默就会被减弱或者消亡。从这个意义上讲，婉言曲说最适合构成幽默。

一个法国出版商想得到著名作家的赞扬，借以抬高自己的身价。他想，要得到一个大人物的好感，必须先赞扬他。

这天，他去拜访一位知名作家。他看到作家的书桌上正摊着一篇评论巴尔扎克小说的文章，便说："啊，先生，您又在评论巴尔扎克了。的确，多少年来，真正懂得巴尔扎克作品的人太少了，算来算去，也只有两个。"

作家一听就明白了出版商的意图，便让他继续说下去。"这两个人，其中一个是您了。可是还有一个呢？您说，他应当是谁？"

作家说："那当然是巴尔扎克自己了。"

出版商顿时像泄了气的气球，悻悻地走了。

出版商想求得知名作家的赞扬，于是登门拜访。作家呢，不好直接拒绝，就来了个婉言曲说。出版商把世间懂巴尔扎克作品的人确定为两个，一个，他自然要送给作家了；另一个，他是给自己预备的。但自己说出来显得不太谦虚，况且自己认可的东西并不一定能得到作家的认同，还是启发作家说出来吧。由此，出版商一直沿着自己的设计和思路，准备着一种情感——他期待着作家的赞扬，让作家指出他是懂巴尔扎克作品的人。

作家并不回绝对方的话，因为那太扫人兴了。但是他有意漠视对方的"话外音"，一句答话，让对方的期待落空，作家回答的是，另一个懂巴尔扎克的人是巴尔扎克自己。于是双方没戏唱了，只好散场。

幽默是一种高超的语言艺术，这种艺术是在婉言曲说中产生的。说话直接的人不可能创造出幽默来。按部就班，一是一，二是二，实说实，虚说虚，没有任何的发挥就不可能碰撞出幽默的火花。

逻辑拒绝，巧踢回球

在交际过程中，当自己处于不利态势时，为了寻找转机，加强己方的立场，也需要找借口拒绝对方。这时，如果你能灵活机智地用对方的话来拒绝对方，就能使对方不再坚持，从而达到自己拒绝对方的目的。这就是运用逻辑幽默进行拒绝的巧妙方法。

有一次，萧伯纳的脊椎骨出了毛病，需从脚上取一块骨头来补脊椎的缺损。手术做完后，医生想多捞一点儿手术费，便说：

“萧伯纳先生，这是我们从来没有做过的新手术啊！”

萧伯纳当然听出了医生的言外之意，但向病人收取额外的手术费，显然是不合规定的，萧伯纳不愿意再给医生“塞包”，但又不便明确拒绝，便装傻卖愚地顺着另一层意思说下去：“这好极了！请问你们打算支付我多少试验费呢？”

医生顿时窘住了，只好讪讪离开。萧伯纳的逻辑是：既然你要强调这是从来没有做过的新手术，那我的身体便变成试验品了。萧伯纳合理地从对方的话里引出了一个合乎逻辑的相反结论，巧踢“回传球”，让对方哑巴吃黄连——有苦说不出。萧伯纳正是在拒绝中绝妙地应用了幽默的逻辑。

有很多问题，我们还可以巧妙地把对方设置在同样的情景，以此来引诱对方做出判断，从而让对方明白自己的处境或意思，巧妙地拒绝对方的要求。历史上的艾森豪威尔将军就是一位擅长运用逻辑幽默的人。

有一次，一个人问艾森豪威尔将军一个涉及了军事机密的问题，艾森豪威尔将军做耳语状说："这问题是一个机密，你能替我保密吗？"于是那个人就连忙说道："我一定能！"艾森豪威尔将军则回答道："那我同样也能！"

同理，小李从一个朋友那里借了一架照相机，他一边儿走一边儿摆弄着，这时刚好小赵迎面走来了。他知道小赵有个毛病：见了熟人有好玩的东西，非得借去玩几天不可。这次看见了小李手中的照相机又非借不可了。尽管小李百般说明情况，小赵依然不肯放过。

小李灵机一动，故作姿态地说："好吧，我可以借给你，不过我要你不要借给别人，你做得到吗？"小赵一听，正合自己的意思。他连忙说："当然，当然。我一定做到。绝不失信。"小赵还追加一句说，"绝不失信，失信还能叫作人？"小李斩钉截铁地说："我也不能失信，因为我也答应过别人，这个照相机绝不外借。"听到这儿，小赵目瞪口呆，只好就这样算了。

通过设问，以对方的回答来作为拒绝的依据，使对方就此作罢。因为人不可以出尔反尔，自我推翻。小李幽默的逻辑思维加上机智的口才辩解，把小赵绕进了他自己的言辞陷阱中，让自己的拒绝变得笑中带力。

在寻求拒绝的技巧过程中，要知道，拒绝对方的最有力武器，往往是对方自身。我们应该学会引导对方的谈话，从对方口中获取自己拒绝对方的理由。

通过暗示，善于说“不”

很多时候，我们不得不拒绝别人，但是怎样将这个难说的“不”说出口呢？幽默性的暗示，是一种不错的选择。

美国出版家赫斯脱在旧金山办第一家报纸时，著名漫画大师纳斯特为该报创作了一幅漫画，内容是唤起公众舆论来迫使电车公司在电车前面装上保险栏杆，防止意外伤人。然而，纳斯特的这幅漫画完全是失败之作，发表这幅漫画，有损报纸质量，但不刊登这幅画，怎么向纳斯特开口呢？

当天晚上，赫斯脱邀请纳斯特共进晚餐，先对这幅漫画大加赞赏，然后一边儿喝酒，一边儿唠叨不休地自言自语：“唉，这里的电车已经伤了好多孩子，多可怜的孩子，这些电车，这些司机简直不像话……这些司机真像魔鬼，瞪着大眼睛，专门搜索着在街上玩的孩子，一见到孩子们就不顾一切地冲上去……”听到这里，纳斯特从座椅上弹跳起来，大声喊道：“我的上帝，赫斯脱先生，这才是一幅出色的漫画，我原来寄给你的那幅漫画，请扔入纸篓。”随后两人在笑声中完满结束了愉快的晚餐。

赫斯脱就是通过自言自语的方式，幽默地暗示纳斯特的漫画不能发表，让纳斯特欣然地接受了意见。

另外，通过身体动作也可以把自己拒绝的意图传递给对方。当一个人想拒绝对方继续交谈时，可以机灵、幽默地做转动脖子，用手帕拭眼睛，按太阳穴以及按眉毛下部等漫不经心的小动作。这些动作传达着一种信号：我较为疲劳、身体不适，希望早一点儿停止谈话。显然，这是一种暗示拒绝的方法。此外，微笑的中断、较长时间的沉默、目光旁视等也可表示对谈话不感兴趣、内心为难等心理。

例如，一天，为了配合下午的访问行程，小王想把甲公司的访问在中午以前结束，然后依计划，下午第一个目标要到乙公司拜访。但是，甲公司的科长提出了邀请：“你看到中午了，一起吃中饭吧？”

小王与甲公司这位科长平常交情不错，又是非常重要的客户，不能轻易地拒绝。但是，和这位爱聊天的科长一起吃中饭，最快也要磨蹭到下午1点才能走。小王怎样才能不伤和气地拒绝呢？

答案就是，在对方表示“要不要一起吃饭”之前，小王就不经意地用身体语言表示出匆忙的样子，可以自然地抬起手看看手表，幽默地解释道：“多希望手表上的时间可以为我所控制啊！”

学会巧妙地用暗示的方法拒绝别人，让对方明白你在说“不”，不仅能把事情办妥，而且不伤和气。

婉转拒绝，优化社交

断然拒绝别人可以显得一个人不拖泥带水，但对遭到拒绝的人来说，却是很不够义气的。聪明人则会婉转处理，不直接说出拒绝的话，而让对方明白其意思。

1799年，年轻的拿破仑·波拿巴将军在意大利战场取得全胜凯旋。从此，他在巴黎社交界身价倍增，也成为众多贵妇青睐的对象。

拿破仑对此并不热衷。可是，总有一些人硬是紧追不放，纠缠不休。当时的才女、文学家斯达尔夫人，连着几个月一直在给拿破仑写信，想结识这位风云人物。在一次舞会上，斯达尔夫人头上缠着宽大的包头布，手上拿着桂枝，穿过人群，迎着拿破仑走来。拿破仑躲避不及。于是，斯达尔夫人把一束桂枝送给拿破仑，拿破仑说道：“应该把桂枝留给缪斯。”

然而，斯达尔夫人认为这只是一句俏皮语。她继续有话没话地与拿破仑纠缠，拿破仑出于礼貌也不好生硬地中断谈话。

“将军，您最喜欢的女人是谁呢？”

“是我的妻子。”

“这太简单了，您最器重的女人是谁呢？”

“是最会料理家务的女人。”

“这我想到了，那么，您认为谁是女中豪杰呢？”

“是孩子生得最多的女人，夫人。”

他们这样一问一答，拿破仑在幽默的回答中也达到了拒绝的目的。斯达尔夫人也知道了拿破仑并不喜欢自己，于是作罢。

小王毕业以后到一个小公司打杂，很失意，成天和一帮哥们儿喝酒、打牌。后来逐渐醒悟过来，开始报名参加职业等级考试。

有一天晚上，他正在埋头苦读，突然一个电话打过来叫他去某哥们儿家集合，一问才知道他们“三缺一”。小王不好意思讲大道理来拒绝他们的要求，也不想再像以前一样没日没夜地玩了，便回答说：“哎呀，哥们儿，我的酸手艺你们还不清楚啊，你们成心让我‘进贡’嘛，我这个月的工资已经见光了。”一阵哄笑后，对方也不好强求，后来他们都知道小王另有他事，也就不再打扰了。

小王面对自己不愿意参与的交际，先诚恳地表示了自己的“笨拙”，即自己不擅长打麻将，并幽默地说自己的手艺酸，言外之意自己去了的话怕会是影响大家玩麻将的兴致。小王的拒绝艺术在于，懂得用自己的语言委婉处理。

委婉的幽默拒绝有以下3种方法：

（1）“装聋作哑”。对于你不想回答的问题，或者无论怎么回答都对你不利的问题，你可以佯装没听见，糊涂带过。

（2）答非所问，故意曲解问题的方向，说一些无关重要的话，甚至可以把话题转移到无关紧要的问题上。

（3）在对方还没有说出口，或者话还没有说完的时候，即做出错答，也是一种很好的拒绝技巧。这样是因为如果等对方把话全说出，就难以拒绝了。因此，在别人把话说完以前，先考虑到对方要说什么，在他的话未说完时，就迅速按另外的方向思路回答，可以使问者领悟，改谈别的话题，免于因说破造成尴尬的局面和一些不愉快的后果。

巧妙拒绝，让他知难而退

约会是男女开始真正意义上的恋爱的标志，所以，接受别人的约会请求也意味着接受别人的求爱。对于不愿意接受的示爱者，我们首先应该拒绝与其约会，不能因为一时心软而使对方误会，导致真正明确两人关系时牵扯不清，给对方造成更大的伤害。拒绝约会应该有“快刀斩乱麻”的魄力，因为这不仅仅代表对一次约会的推搪，还暗示着自己对对方爱情的谢绝，这就要求我们一方面要把握说话的分寸，不伤害对方的感情，另一方面要表明心意，断绝对方再次邀请的念头。

上课、加班、身体欠安、天气不好……这些都可以成为拒绝约会的好借口。在搬出这些借口的同时，可以有意地露出破绽，让对方从借口的不严密性中明白是在有意敷衍。此外，也可以以幽默的方式暗示自己确实不愿意与对方交往。总之，借口不能找得太严密、太合乎情理，不要让对方误认为是客观原因导致不能赴约，从而把约会的时间推至以后，令自己再次处于被动局面。

曾经，有一位热情的小伙子向一位美丽的姑娘表达了自己的爱慕之情，但是这位美丽的姑娘并不喜欢这位小伙子。

在小伙子真情告白完之后，姑娘问道：“你真的很喜欢我吗？”

小伙子说：“当然了，我保证自己是真的喜欢你，我对天发誓……”

姑娘问：“那你有什么证据可以证明你爱我呢？”

小伙子热切地说：“我的心，我这颗真诚的心可以证明。”

姑娘笑笑，说道：“呵呵，真的很对不起，你是唯‘心’主义者，而我是典型的唯‘物’主义者啊。唯心主义者和唯物主义者怎么能够在一起呢？”

姑娘明明知道小伙子说的“真诚的心”是和哲学名词不同的，但是姑娘机智地将小伙子的那颗“真诚的心”说成了是唯心主义，然后通过自己的唯物主义思想立场，将拒绝巧妙委婉、幽默地表达了出来。

在这则恋爱拒绝案例中，我们可以发现拒绝的言谈在一种因素的加入下会更容易让人接纳，那就是幽默。无论是义正词严的拒绝还是委婉的拒绝，拒绝者都是巧妙地从对方的话语里找到拒绝的理由来源。拒绝者的聪明之处就在于这里，即使我拒绝了你，那也是因为你的表现不够充分。

能够得到别人的爱是一种魅力，能够巧妙地拒绝一份自己不情愿的爱更是一种魅力。在拒绝时，如果加入幽默的元素，就会使自己的拒绝更加容易被对方接受。

遭到拒绝，保持好风度

当我们与别人谈话时，总是希望能得到肯定的回答，但正如俗话所说的“好事多磨”，开始时往往会遭到他人的拒绝。遭受拒绝，不同的人有不同的解决方式：有的人会愤慨地抱怨说“有什么了不起的”，有的人甚至会表现出一副要揍人的样子。而有的人会面带笑容，淡定离去，这样的人才是真正的智者。在面对拒绝的时候，保持好自己的风度，这是幽默的接受拒绝之道。

当然，遭到拒绝要保持风度，并不是说必须以平静与微笑来面对拒绝你的人，当遭受到恶意的拒绝的时候，我们需要通过智慧的幽默口才为自己赢得风度。

曾经有个人请一位画家为他画肖像。画家精心地为他画好了肖像，但那人拒绝支付议定的5000元报酬，理由是“你画的根本不是我”。不久，画家把这幅肖像公开展览，题名为《贼》。那人知道后，万分恼怒，打电话向画家抗议。

“这事与你有什么关系？”画家平静地说，“你不是说过了吗？那幅画画的根本就不是你！”

最后，那人不得不买下这幅画。

尤罗克是美国著名的剧团经理人，在较长时间内和夏里亚宾、邓肯、巴芙洛丽这些名人打交道。尤罗克说，同这些明星打交道让他领悟到了一点，就是必须对他们的荒谬念头表示赞同。他为曾在纽约剧院演出过的著名男低音夏里亚宾当了3年的剧团经理人，夏里亚宾是个令人难堪的人。比如，该他演唱的一天，尤罗克给他打电话，他却说："我感觉非常不舒服，今天不能演唱。"尤罗克和他争吵没有？没有。他知道，剧团经理人是不能和人争吵的。他马上就去夏里亚宾的住处，压住怒火对他表示慰问。

"真可惜，"他说，"你今天看来真的不能演唱了。我这就吩咐工作人员取消这场演出。但是，这样的话就相当于你将两千多美元打了水漂儿，不，打水漂儿的话还能打起个波纹什么的，应该直接是让两千多美元粉身碎骨了。取消就取消吧，反正粉身碎骨的是钞票。"

听了经理人幽默的描述后，夏里亚宾吁了一口长气说："你能否过一会儿再来？下午5点钟来，我再看感觉怎样。"

下午5点钟，尤罗克来到夏里亚宾的住处。他再次表示了自己的同情和惋惜，也再次建议取消演出。但夏里亚宾说："请你晚些时候再来，到那时我可能会觉得好一点儿。"

晚上8点30分，夏里亚宾同意了演唱，但有一个条件，就是要尤罗克在演出之前宣布歌唱家患感冒、嗓子不好。尤罗克说一定照此去办，因为他知道这是促使夏里亚宾登台演出的最好办法。

被拒绝了心里肯定不好受，那要怎样回应呢？有的人气盛，一句话就给人家顶回去了，搞得不欢而散。有的人虽然心里不快，却还能冷静下来，用幽默的语气晓之以理。显然后者是讨人喜欢的，能让对方也冷静地思考，转机说不定就会出现。

第9章

辩论的幽默——唇枪舌剑中的缓冲器

巧用俗语，谐趣论辩

所谓幽默的结晶，就是那些通过智慧的打磨，被人们广泛认可、流传百世的名言、诗句、谚语、俗语等。这些语句精练、形象、生动而有美感，平时多积累并将它们运用到说话中，能为我们的语言增添不少幽默与乐趣。

俗语是群众语言，有浓郁的地方特色、通俗易懂，是人民群众熟悉的、喜爱的语言，它包括谚语、歇后语等。

这些语言大都来自社会实践，是人民群众创造出来的，在讲话时巧妙地运用，能够大大增强语言的感染力，容易被大家理解和接受。

俗语是通俗而广泛流行的定型的语句，简练形象。恰当地引用俗语，可以增强论辩中的幽默感和说服力。

抗战胜利后的一天，上海一幢公寓里传出阵阵欢笑。原来，画家张大千要返回四川，他的学生们为他送行，梅兰芳等名流也到场作陪。宴会开始，张大千向梅兰芳敬酒，说："梅先生，你是君子，我是小人，我先敬你一杯！"众宾客都愣住了，梅兰芳也不解其意，笑着询问："此话作何解释？"张大千笑着朗声答道："你是君子——动口；我是小人——动手！"满堂来宾笑声不止，宴会气氛一下子活跃起来。

张大千简单的几句话取得如此好的效果，原因就在于他灵活运用了“君子动口不动手”这一俗语。将“你是君子，我是小人”这一惊愕之语进行了出乎意外却又合乎情理的解释，让人们在吃惊之余，猛然地悟出这是一句绝佳的称赞梅兰芳在戏曲方面的造诣，给俗语加入了幽默的调味剂以后，俗语变得不再“俗”。

1985年5月，美国总统里根到苏联访问，两国领导人举行会谈。在欢迎仪式上，苏联领导人戈尔巴乔夫说：“总统先生，你很喜欢俄罗斯谚语，我想为你收集的谚语再补充一条，这就是‘百闻不如一见’。”

戈尔巴乔夫之意，当然是宣称他们在削减战略核武器上有行动了。里根也不示弱，彬彬有礼地回敬道：“是足月分娩，不是匆匆催生。”

在论辩中巧妙地运用俗语可以调节气氛，增强语言的感染力与幽默感，从而达到明确地讲清道理、有力地反驳对方的目的。

巧用俗语，能够将表述力柔化，将论辩力强化，不仅如此，还可以分散论辩方的注意力，找到突破口，让他们无力反驳。

引申归谬，强辩韬略

《樗斋雅谑》中有这么一个故事：

一个人的母亲死了，他在服丧时偶然吃了一次红米粉，被一个迂腐的书生看到。书生大为不满，指责这个人是不孝子孙。那人问他为何，他说红色是喜庆的颜色。那人反驳说：既然这样，那么大家天天吃白米饭，岂不是天天服丧吗?

一句话，言简意赅，诙谐且不失深刻，从书生荒谬的逻辑出发进行反驳，使人看到了书生的荒唐。那反驳书生的人使用的就是引申归谬幽默法。归谬之法是以对方的论点为前提，将其推论出非常明显的荒谬结论，从而驳倒对方。

鲁迅先生在《文艺的大众化》一文中，驳斥“文学作品的质量越高知音越少”的谬论时，用的就是归谬法。“倘若说，作品愈高，知音越少，那么，推论起来，谁也不懂的东西，就是世界上的绝作了。”显然，这个结果是非常荒谬的，因此“作品愈高，知音愈少”的荒谬性就充分暴露出来了。

归谬法犹如一面显示谬误原形的放大镜，能使人们对错误的论点或论据看得更清楚，因而常常为人所采用。

苏轼的《志林》中，记载了苏轼与欧阳修的一段对话，其中引申归谬法的运用，十分精彩。

有一位病人，医生问他得病的原因，他回答说，乘船时遇上大风，受惊吓而得病。医生就取多年的舵把子，上面浸透了舵工的手心汗，刮下细木屑，加上丹砂、茯神等药，为他治病，那人喝下去就好了。现今的《本草注・别药性论》上说止汗用麻黄根节以及旧的竹扇子刮末入药。欧阳修因此说：中医以意用药多，类似这样做法，初看很像儿戏，然而有时也很灵验，恐怕也不容易问出个所以然来。苏轼听后便对欧阳修说：照这样说来，用笔墨烧灰给读书人喝下去，不是可以治昏惰病了吗？推而广之，那么喝一口伯夷（孤竹君之子，与其弟互相推让王位）的洗手水，就可以治疗贪心病了；吃一口比干（商纣王淫乱，比干进谏而死）的残羹剩汁，就可以治好拍马屁的毛病；舐一舐刘邦的勇将樊哙的盾牌，可以治疗胆怯病；闻一闻古代美女西施的耳环，可以除掉严重的皮肤病。欧阳修听了便哈哈大笑。

苏轼对于欧阳修的观点并没有直接进行否定，也没有进行激烈的反驳，而是用他的观点将一些不能够成为事实的事情表述出来，让欧阳修的论点不辩自“败”。

可见归谬法的意义非同一般。

引申归谬是幽默的辩驳之术，在辩论中抓住对方的谬论点，将其用类似事物来表明对方观点的不正确。引申归谬作为论辩中一种反驳的手段，但绝不是生硬的反驳，而是绕个弯，运用幽默的睿智进行强力的辩驳。

出其不意，弦外有音

出其不意是幽默口才中的基本特征，它之所以能产生幽默效果是因为说辩者将事物发展的结果推测成了一种与一般想象和预测截然不同的结果，由于想象结果与实际结果之间的反差所形成的强烈对比，幽默效果油然而生。

出其不意的具体做法就是指辩论中的一方根据需要突然改变自己的观点和立场，或是承认对方的论点，得出利于己方的结论，从而使对方感到不知所措。

在菲律宾的总统竞选中，总统马科斯攻击克拉松·阿基诺“没有经验，不懂政治”。对此，阿基诺夫人并不讳言自己是家庭主妇，也承认对政治问题不甚了解。但是，她接着反守为攻地巧妙提出：

“对政治我虽然是外行，但作为围着锅台转的家庭主妇，我精通日常经济。”她这一句话，一下子把矛头对准了执政党的要害。在当时的菲律宾，工厂的开工率仅为49%，人口总数60%的人处于失业或半失业状态。物价暴涨、民怨沸腾、政局动荡不安，加剧了经济的进一步恶化，维系民众生存的“日常经济”更是糟糕透顶。克拉松·阿基诺以菲律宾经济状况的事实为依据，阐明自己的观点，对马科斯进行直接反驳，一针见血地指出了对方问题的症结所在，最终赢得了选民的支持。

“出其不意，攻其无备”的表面就如顺水推舟般的平静。顺水推舟是在论敌的攻势面前，要把握其意图和要害，表面上因势顺从，实际上是借敌力为我力，引诱对方孤军深入，一直走向荒谬的极端。然后，出其不意地突然逆转，集中火力杀回马枪，使对方冷不丁受到当头棒喝而晕头转向，失去招架之力。

隋朝时，有个叫吴里的人很聪明，但说话口吃。官高气盛的杨素常常在闲暇无聊的时候，把他叫来聊天。

年底的一天，两人面对面地坐着，杨素就和他开玩笑："有个大坑，深一丈，方圆也是一丈，让你跳进去，你有什么办法出来吗？"

吴里："有…有…有…有梯子吗？"

杨素："当然没有梯子，若有梯子，还用问你吗？"

吴里："是白…白…白…白天，还是黑…黑…黑…黑夜？"

杨素："不要管是白天还是黑夜，你能够出来吗？"

吴里："若不是黑夜，眼…眼…眼…眼又不瞎，为什么会掉…掉…掉…掉到里面？"

杨素不禁大笑。

杨素："忽然命你当将军，有一座小城，兵不满一千，只有几天的口粮，城外有几万人围困，若派你到城中，不知你有什么退兵之策？"

吴里："有救…救…救…救兵吗？"

杨素："就因为没有救兵，才问你。"

吴里："我审…审…审…审慎地分析了形势，如…如…如…如像您说的，不免要…要吃败…败…败仗。"杨素大笑了一阵。

杨素："你是很有才能的人，又是个百事通。今天我家里有人被蛇咬了脚，你能医治吗？"

吴里："用五月端午南墙下的雪涂…涂…涂…涂就好了。"

杨素："五月哪里能有雪？"

吴里说："五月既然没…没…没…没有雪，那么腊月哪里有…有…有…有蛇咬？”

杨素笑着打发了他。

这个故事虽然是一则笑话，但类似的事情在现实生活中时常会遇到。故事中的吴里尽管口吃，但回答问题却很能出其不意，听得出弦外之音，又能顺水推舟地幽默作答，杨素不但难不倒他，还被他的睿智逗得哈哈大笑。

这种出人意料的幽默口才，是人们在说服、论辩中最常用的幽默技法，它借助人们的心理反差，逗笑论辩的另一方，在和谐论辩的氛围与紧张局势中，令自己处于论辩的主导地位。

但是在论辩中使用出其不意的幽默辩术时，应该注意一点，即出其不意不能“出”得夸张，出其不意得恰到好处，意料之外，情理之中。

找出矛盾，幽默智辩

论辩讲究的不只是口才，比试头脑中的智慧才是最重要的。幽默论辩正是通过智慧的力量击破对方的防线。

有人认为，在幽默辩论中应变就要设法逼对方掉进你设的陷阱，使之无法自拔。如果对方一掉入陷阱，就要马上采取还击行动。有时当对方因退缩或招架无力，也出尽了“牌”，你就亮出你的“王牌”，一举逼使对方陷入进退不得的困境。

欧布利德是古希腊一个有名的诡辩家，一天，他对同事说：“你没有失掉的东西，那么你就有这件东西，对吗？”

他的同事回答说：“对呀。”

欧布利德接着说：“你没有失掉头上的角吧？那你的头上就有角了。”

大公听了他们的对话，心生一计，决定利用这种方法来整治善于诡辩的欧布利德。他对欧布利德说：“在我的城堡里，你没有失掉坐牢的权利，是吗？那么，就让你享受三天这种权利吧。”

于是，欧布利德被关了三天禁闭。他真是有苦说不出，只有自认倒霉了。

恃才傲物的人最容易在开始时小看对方，以为自己只要开口，来个“先发制人”，就能成功，没想到由于对方介意，回敬“以子之矛，攻子之盾”，反而会抢了先手。这时候，心慌意乱的一方看出对方不易就范，可能会乱了招数，加速败北。

回到辩场上来，我们也不难举出一系列利用对方自相矛盾进行攻击的辩例。且以1995年国际大专辩论会上就《信息高速公路对发展中国家有利》辩题正反双方的一段辩词为例：

正方二：我方也主张发展中国家必须重点发展普及应用，就像教育必须从基础做起，我们现在不做，以后怎么跟得上呢？

反方二：对方辩友还是同意了我方的论点，首先要发展教育，首先要发展发展中国家的国力呀。

正方四：信息高速公路恰恰能够帮助教育的发展，这个我们刚才已经提到了。

反方一：信息化也是我方的立论。我们并不否认发展中国家应该缩短南北差距，应该发展信息化，但那并不代表信息高速公路啊。

反方四：那对方辩友为什么就一定认为信息高速公路是发展中国家的万能药呢？难道你不知道药对症可以治病、不对症可是要人命的呀。（掌声）

正方二：对方同学承认信息高速公路是有利的，但又认为发展中国家没有信息高速公路。可是实际上就算是没有信息高速公路，美国的信息高速公路也是对发展中国家有利的，因为只要一样花了5万块为两位同学装个电脑，就上了国际网络了。

反方三：信息高速公路有利，这谁都知道啊！但今天的辩题是谈对发展中国家有没有利啊。

正方二：对方同学不是说信息高速公路还没做出来吗？你怎么知道它有利呀？

反方一：对呀，这不正是否定了你方的观点吗？你怎么就知道信息高速公路就有利呢？

反方二：因为我们已经做出来了嘛，我们已经用过了，所以要分享给你们嘛。（笑声、掌声）

上例辩论中，无论是正方还是反方，都发现了各自的自相矛盾之处，也均发起了猛烈的进攻。可惜双方都仅限于抓在同一点上，形成了一种“凝固”战，最后若不是一语幽默，还不知谁要失守呢。

值得一提的是，这段辩话中的“以其之矛，攻其之盾”战术在双方都运用得很隐蔽，没有大肆渲染，只是双方战术碰撞，导致辩手都有些累而已。

总之，“以其之矛攻其之盾”的幽默战术在辩论中具有很大的威力。

法庭论辩，偷换概念

在法庭辩论中，可采用“偷换概念应变术”。这样，由偷换概念而使法官及对方陷入思维怪圈，使自己处于有利的位置。

普罗塔哥拉是古希腊智者学派的著名人物。相传，他与爱瓦特尔进行过一场著名的辩论。事情是这样的：

爱瓦特尔是普罗塔哥拉的学生。他跟老师学习诉讼，条件是：先付一半学费，其余一半等爱瓦特尔结业后第一次打赢官司时付清。爱瓦特尔结业后，长时间待在家里，一直没替人打官司，自然，也就没有支付欠普罗塔哥拉的另一半学费。普罗塔哥拉终于忍不住向法庭起诉，要求爱瓦特尔支付另一半学费。他向爱瓦特尔说：“如果我的官司打赢，那么根据法庭判决，你就应该付给我另一半学费；如果我败诉，换言之，你胜诉，那么根据我们订的契约，你也应该付给我另一半学费，因为这是你第一次打官司，而且赢了。无论法庭如何判决，总之你都该付我那另一半学费。”

普罗塔哥拉的论证可归结为一个二难推理：如果我胜诉，则你应付另一半学费；如果我败诉，则你应付另一半学费。不论我胜诉，还是我败诉，你都该付那另一半学费。

普罗塔哥拉以为稳操胜券，非常得意。

不料，“名师出高徒”，爱瓦特尔也不甘示弱，他告诉他的老师：

“我根本用不着付给你那另一半学费，因为，如果我的官司打赢了，那么根据法庭判决当然就不必再给你学费。如果法庭判我败诉，那么，我就用不着给你学费。因为这是我打的第一场官司，而且打输了，不合原先契约的要求。总之，无论法庭如何判决，我都不必付给你那另一半学费。”

爱瓦特尔的论证，恰恰也是一个与老师针锋相对的二难推理：

如果我胜诉，则不必再付另一半学费。

如果我败诉，则不必再付另一半学费。

或者我胜诉，或者我败诉。

总之，我不必再付另一半学费。

学生的二难推理，前提与老师的相同，结论却正好相反，看起来也非常有理。这就是历史上著名的“半费之讼”。据说，这个案子当时就难倒了法官，无从做出判决。

从这个诉讼案例中，我们可以看到，爱瓦特尔就偷换了“官司”这个概念，使本来对自己不利的诉讼，变成了法官无法判决的诉讼。

日常生活的小辩论，如能掌握偷换概念的技巧，也能够获得很大的幽默效果。

两位农民在给玉米施肥时，以猪粪离庄稼远近为题争执起来。

甲：“猪粪离庄稼近，便于庄稼吸收，庄稼肯定爱长！”

乙：“让你这么一说，应该把庄稼种到猪圈里，一定更爱长！”

甲：“你这是不讲理！”

乙：“怎么不讲理？你不是说离粪近庄稼爱长吗？”

这时，一位老农民凑过去说：“我看你们俩谁说得都不对，猪尾巴离猪粪最近，没见到猪尾巴长得多长……”

在场的人哈哈大笑。老农民用偷换概念法，轻而易举地平息了争执，又逗笑了大家。从性质来看，论辩是一种文明的语言交流。具有说服力的论辩依靠的是理和据，讲究的是说话技巧。偷换概念巧钻了词语的空子，将道理说得无懈可击，让人不得不闭口折服。偷换概念的语言技巧在本质上属于幽默的口才——机智、诙谐不失娴雅。

妙用谐音，机智论辩

清代学者纪晓岚与和珅同朝为官，纪晓岚为侍郎，和珅为尚书。一次同饮之际，恰好一条狗从旁跑过，和珅指着狗问："是狼是狗？"此话问得蹊跷，纪晓岚立即听出了弦外之音，答道："垂尾是狼，上竖是狗。"

原来和珅说的是一句运用谐音双关法骂人的话，"是狼"是指"侍郎"，即纪晓岚，连起来便骂他是狗。哪知纪晓岚敏慧过人，一听就觉察了其中的奥妙，但是他不动声色，仍然顺着他问话的表面意思，同样运用谐音双关法进行反唇相讥。"上竖"表面上指尾巴翘起，与和珅问话的表面意思联结得天衣无缝，其实却是谐音"尚书"，即和珅，连起来便回敬他是狗。

李白去蜀远游，应诏入京，在皇帝面前展露了才能，却遭到当朝宰相杨国忠的嫉妒。有一天杨国忠约李白去对三步句，意即由杨国忠出题（上联），李白要在三步之内对出下联。李白如约而至，刚一进门，只听见杨国忠道："两猿截木山中，问猴儿如何对锯？"上联出得很刁，运用谐音双关法，"锯"谐音为"句"，直接骂李白是来对句的"猴儿"。哪知来者不善，李白毫不犹豫地说："请宰相起步，三步之内对不上来，愿受罚。"当杨国忠跨出步去，李白立即指着杨国忠的脚喊道："匹马陷身泥里，看畜生怎样出蹄！"

李白同样运用谐音双关法，"蹄"谐音为"题"，直接骂杨国忠是出题的"畜生"。杨国忠出题出得古怪而且刻薄，李白对句对得巧妙而且辛辣，幽默机智在这样巧妙而辛辣的对句中立显。

谐音双关的别解法，要求辩者有丰富的想象力和发散思维的能力，能透过某一语句表现的含义洞察出其隐含着的特殊或深层的语意，然后选择符合我们观点的某一种相关的意义，做出巧妙的别解。

运用谐音别解，可使辩者变守为攻，变被动为主动，可以使自己摆脱困境，还可以嘲讽对手，调侃戏谑，顺势发表议论。辩论中运用此幽默战术，可增强辩者的语言表达效果，使自己的辩论雄健有力。辩论中，有意违反常规、常理、常识，利用语言、语汇、语法等，临时赋予一个词语新意而做出奇特新颖但毫不利于对方的解释手法，让自己的观点无可辩驳。

仿效幽默，让他哑口

在仿效幽默这种妙不可言的智慧面前，任你胸中有多少兵甲，都难以抵挡它的攻击。逻辑学常识告诉我们，用他人的矛去攻击他人的盾，才能让别人不战而败。

在中国民间传说中，就有一则关于仿效的故事。

一位知县老爷为了霸占史老汉的财产，故意给他出了一道难题，要他在三天内送来三头怀孕的公牛，如果做不到，就要把史老汉的财产全部充公。

史老汉急得不知所措，唉声叹气地回到了家，把事情告诉了家人，他的儿媳妇听后，安慰公公不要担心，她自有办法对付。

第三天，知县坐轿来到史家，进门就问："史老汉在家吗？"

巧媳妇回答说："在，就是不便出来。"

知县不高兴了，厉声喝问："我是知县大老爷，他怎么敢不出来见我？"

巧媳妇不慌不忙地回答："你小点声，公公他正在房里生小孩呢！"

知县听了，哈哈大笑说："胡说！我从来没听说过，男人也会生小孩！"

巧媳妇对知县说："怎么没听说，公牛不是也会怀胎吗？"

一句话把知县老爷说得目瞪口呆，哑口无言。这里，巧媳妇巧就巧在效仿知县老爷的逻辑思维，巧妙地导演了"公公生小孩"这荒唐的一幕。

上述仿效思维的幽默语言技巧，其直接效果就是让对手当场认输，因为击败他的武器是由他自己提供的,犹如你正和敌人作生死决斗，一不小心将自己的一柄利剑撒手丢落在地，反而让敌人拾起来利用一样。

说到仿效幽默，忽而让人想起一则外国幽默笑话。

欧伦斯庇格走进一家饭店想吃饭，因为等了许久肉还未烤熟，只好吃了一些面包后就躺在烤炉旁的长凳上打盹。当烤肉端上桌时，店主请他就餐，他却睡眼惺忪地说："你在烤肉时我都闻饱了。"

店主便端着托盘要收他的肉钱，理由是他说已闻饱了肉味，所以也应该付同吃肉一样多的钱，于是欧伦斯庇格掏出一枚银币，扔到长凳上，对店主说："你听到钱的声音了吗？"

店主回答说："听到了。"

他马上抓起银币，放回钱袋，对店主说："你听到了我的银币发出的响声，正好够付我闻你的肉味的钱。"店主哑口无言。

以谬制谬的仿效幽默法在论辩中如果运用得好，就能发挥巧妙的作用。运用时关键在于大脑反应快，能迅速明确对方话中的原理，并由此推出一个符合这个原理的荒谬的事例。仿效逻辑的幽默思维方法，可以推动以谬制谬论辩战术的开展，仿效逻辑，让你在论辩中具有令他人百口莫能与之辩的优势。

适时赞美，让沟通更容易

幽默的赞美应当符合时间的要求，在不合适的时间说出了合适的赞美，即使幽默也不会带给大家真正的欢娱，反而会引起人们的厌恶。

恭维和赞美是为了协调人际关系，表达自己对别人的尊重，以增进了解和友谊，更重要的是交上朋友好沟通。幽默的恭维与赞美对公关的沟通工作至关重要，幽默的谈吐会提升公关的气质与内涵，提升公司的形象。

每个人都希望得到别人的赞美，每个人都对别人有一份期待，希望得到尊重，希望自己得到肯定，这就需要得到别人恰如其分的幽默恭维和赞美。

（1）初次见面，适当的幽默恭维是有礼貌、有教养的表现。幽默不仅可以获得别人的好感，而且还可以和对方在心理上、情感上靠拢，缩短彼此之间的距离。

欧阳奋强是饰演贾宝玉的演员。1987 年4 月底，欧阳奋强到香港参加电视剧《红楼梦》首映式，他一踏进机场休息室，亚洲电视台知名演员方国姗就挤到他身边，热情地说：“你是欧阳奋强吗？我叫方国姗。他们都说我长得像你。”

“方小姐比我长得漂亮多了。”欧阳奋强说。

亚视艺员领班高先生风趣地说：“方小姐可是香港的贾宝玉呀。”

这番相互赞美的话十分自然贴切，使气氛十分热烈而和谐。言辞会反映一个人的心理，轻率的说话态度会让对方产生不快的感觉。

因此，幽默赞美不要太离谱，以免别人觉得你虚伪。

（2）把对方美化成道德上的“完人”。幽默赞美可以是多方面的，通常你把对方说成是道德上的完人比称赞他的衣饰得体更有效果。

例如，有一个儿子想求母亲为他买一条牛仔裤，但儿子怕遭到母亲的拒绝，因为他已经有一条牛仔裤了。于是儿子采用了一种独特的幽默方式。

他没有像其他孩子那样苦苦哀求或撒泼耍赖，而是一本正经地对母亲说："妈妈，你是世界上最好的妈妈，你见没见过一个孩子，他只有一条牛仔裤？"

这颇为天真而略带计谋的问话，一下子打动了母亲。过后，这位母亲谈起这事，说出了自己当时的感受："儿子的话让我觉得若不答应他的要求，简直有点对不起他，哪怕在自己身上少花点，也不能委屈了孩子。"

一个小孩子，以一句反问话就说服了母亲，满足了自己的需要，他让母亲觉得自己的要求是合情合理的，而不是过分的，何况儿子在提要求之前已经以赞美之词获得了妈妈的欢心。

因此，在说服自己亲人时，可以适时撒娇，适时夸赞，取得说服的最佳效果。